创新型高等职业教育精品教材

互联网+教育改革新理念教材

大学生创新创业基础训练教程

主　编　万玉青　李运楼　黄凤芝

副主编　李晓云　文　莹　姬　昱

内容提要

本书是为适应和满足高职高专院校推进创新创业教育改革的需要，根据高职高专教育人才培养目标及要求，以“认知理论、创新思维、突出实践”为主线，以培养大学生创新精神与创业意识、提升大学生创新创业能力为重点而编写的一本书。其特色是理论与实践相结合，创新与创业相交融，利于教学实践。本书共有八章，主要包括初识创新与创业、创新与人生发展、创业与人生发展、创业机会与创业风险、创业者与创业团队、创业资源与融资、创业计划、新创企业管理。每章均设计有拓展训练项目，旨在全面培养与提升大学生的创新创业素质。

本书既可作为高职高专院校创新创业教育课程的教材，也可作为广大青年朋友创新创业学习的参考用书。

图书在版编目（CIP）数据

大学生创新创业基础训练教程 / 万玉青，李运楼，黄凤芝主编. -- 上海 ：上海交通大学出版社，2016（2023 重印）

ISBN 978-7-313-15630-3

Ⅰ. ①大… Ⅱ. ①万… ②李… ③黄… Ⅲ. ①大学生－创业－高等学校－教材 Ⅳ. ①G647.38

中国版本图书馆 CIP 数据核字(2016)第 188416 号

大学生创新创业基础训练教程

DAXUESHENG CHUANGXIN CHUANGYE JICHU XUNLIAN JIAOCHENG

主　　编：万玉青　李运楼　黄凤芝

出版发行：上海交通大学出版社　　地　　址：上海市番禺路 951 号

邮政编码：200030　　电　　话：021-64071208

印　　制：北京同文印刷有限责任公司　　经　　销：全国新华书店

开　　本：787mm×1092mm　1/16　　印　　张：12.75

字　　数：294 千字

版　　次：2016 年 8 月第 1 版　　印　　次：2023 年 2 月第 7 次印刷

书　　号：ISBN 978-7-313-15630-3

定　　价：39.80 元

前言
Preface

就业是民生之本，创业乃就业之源，创新是引领发展的第一动力。据日前在北京发布的《2016 中国高等职业教育质量年度报告》显示：高职毕业生自主创业群体不断扩大。2015 届高职毕业生毕业半年后自主创业的比例为 3.9%，相对于 2011 届增长了 1.7 个百分点。毕业半年后自主创业的 2012 届高职毕业生中，有 47.5%的人 3 年后还在自主创业，比 2008 届上升了 12.7 个百分点。诚然，大学生成为新时期大众创业、万众创新的一个亮点。

习近平总书记在庆祝建党 95 周年大会讲话中强调，青年是祖国的未来、民族的希望；时代是思想之母，实践是理论之源。时代发展呼唤创新创业，当代大学生是时代责任的担当者。高等教育阶段是大学生学习知识、培养能力、发展智力、丰富阅历、积累经验、筹划职业、尝试创业的黄金时期，也是大学生步入社会的重要准备期。对每一个大学生来说，这是一段不可复制而且极为重要的人生经历。随着我国“大众创业，万众创新”热潮的蓬勃兴起，作为担负培养人才、科学研究、服务社会、传承文化使命的高校，诚然，创新创业教育理应走在前列，努力培养大学生的创新精神和创业意识，不断提升大学生创新创业能力。功以才成、业由才广，大学生也理应成为实施创新驱动发展战略和推进大众创业、万众创新的生力军。

创新创业，是国家发展之根，是民族振兴之魂。大学生就业创业服务事关经济发展和民生改善大局，关乎社会安定稳定，党中央、国务院高度重视。为全面贯彻落实党的十八届五中全会精神，落实《国务院关于进一步做好新形势下就业创业工作的意见》（国发〔2015〕23 号）、《国务院办公厅关于深化高等学校创新创业教育改革的实施意见》（国办发〔2015〕36 号）、《教育部关于做好 2016 届全国普通高等学校毕业生就业创业工作的通知》（教学〔2015〕12 号）等文件要求，各地各高校均已积极行动，从健全就业创业工作机构、建立创新创业教育课程体系、创新人才培养机制、配备指导教师，开辟专用场地，加大经费投入、改进创业指导服务等方面促进大学生创新创业，努力做到“机构、人员、

场地、经费”四到位，以推动大众创业、万众创新持续蓬勃发展。由此，我们以《大学生职业发展与就业指导课程教学要求》和《普通本科学校创业教育教学基本要求（试行）》为指导，编写了本教程。

本书设计为八章，内容主要包括初识创新与创业、创新与人生发展、创业与人生发展、创业机会与创业风险、创业者与创业团队、创业资源与融资、创业计划与创业准备、新创企业管理。本书内容集实践性、科学性和系统性为一体，突出强调理论联系实际，拓展训练，增强针对性，注重实效。

本书由万玉青、李运楼、黄凤芝同志担任主编，由李晓云、文莹、姬昱同志担任副主编。在编写过程中，我们参考和借鉴了国内外大量创新创业教育研究方面的文献资料、网络资源和相关的研究成果，以及一些专家学者的理论和观点，在此深表谢意。

此外，上海交通大学出版社的相关同志为本书的最终出版给予了有力支持并付出了大量的心血，在此一并表示感谢。

由于编者水平有限，加之编写时间仓促，书中不足乃至错漏之处难免，敬请广大专家、同行和读者批评指正。

目录 Contents

第一章　初识创新与创业

开篇故事 …… 2
第一节　认知创新 …… 4
学习目标 …… 4
名人语录 …… 4
问题导入 …… 4
知识链接 …… 4
一、创新的概念 …… 4
二、创新的类型 …… 5
拓展训练 …… 7
一、小组讨论 …… 7
二、创新体验 …… 8
第二节　认知创业 …… 9
学习目标 …… 9
名人语录 …… 9
问题导入 …… 9
知识链接 …… 9
一、创业的概念 …… 9
二、创业的要素 …… 10
三、创业的过程 …… 11
拓展训练 …… 12
创业体验 …… 12
第三节　认知大学生创新创业政策 …… 13
学习目标 …… 13
名人语录 …… 13
问题导入 …… 14
知识链接 …… 14
一、关于创业的政策 …… 14
二、关于创新的政策 …… 17
拓展训练 …… 18
搜集创新创业优惠政策 …… 18

第二章　创新与人生发展

开篇故事 …… 20
第一节　创新意识与创新精神 …… 20
学习目标 …… 20
名人语录 …… 21
问题导入 …… 21
知识链接 …… 21
一、创新意识 …… 21
二、创新精神 …… 23
拓展训练 …… 24
一、创新实践 …… 24
二、游戏体验 …… 25
第二节　创新思维与创新能力 …… 26
学习目标 …… 26
名人语录 …… 26

问题导入 …… 26
知识链接 …… 26
一、创新思维 …… 26
二、创新能力 …… 29
拓展训练 …… 30
一、逆向思维训练 …… 30
二、发散思维训练 …… 30
三、集中思维训练 …… 31
四、联想思维训练 …… 31
五、逻辑思维训练 …… 32
第三节　创新创意技法 …… 32
学习目标 …… 32
名人语录 …… 32
问题导入 …… 32
知识链接 …… 33
一、头脑风暴法 …… 33
二、奥斯本检核表法 …… 35
三、5W2H 分析法 …… 37
四、组合创造法 …… 39
五、分析列举法 …… 40
拓展训练 …… 41
一、头脑风暴法练习 …… 41
二、奥斯本检核表法练习 …… 42
三、“5W2H”分析法练习 …… 42
四、组合创造法练习 …… 43
五、分析列举法练习 …… 43

第三章　创业与人生发展

开篇故事 …… 46
第一节　创收、创造与创业 …… 47
学习目标 …… 47
名人语录 …… 47
问题导入 …… 47
知识链接 …… 47
一、创收的内涵 …… 48
二、创造的内涵 …… 48
三、创业的内涵 …… 48
四、创收、创造和创业的关系 …… 48
拓展训练 …… 48
一、小组讨论 …… 48
二、创业体验 …… 49
第二节　创业意识与创业动机 …… 49
学习目标 …… 49
名人语录 …… 50
问题导入 …… 50
知识链接 …… 50
一、创业意识 …… 50
二、创业动机 …… 51
三、创业意识和创业动机的培养 …… 52
拓展训练 …… 53
一、案例分析 …… 53
二、创业访谈 …… 53
第三节　创业精神与创业能力 …… 54
学习目标 …… 54
名人语录 …… 54
问题导入 …… 54
知识链接 …… 55
一、创业精神 …… 55
二、创业能力 …… 56
拓展训练 …… 58
一、游戏体验 …… 58
二、模拟公司 …… 60
三、创业能力测评 …… 61

第四章 创业机会与创业风险

开篇故事 …… 64
第一节 创业机会识别 …… 65
学习目标 …… 65
名人语录 …… 66
问题导入 …… 66
知识链接 …… 66
一、创业机会的概念与特征 …… 66
二、创业机会的来源 …… 66
三、创业机会的识别 …… 67
四、创业机会评估 …… 69
拓展训练 …… 74
一、小组讨论 …… 74
二、探索活动 …… 74
三、能力训练 …… 75
第二节 创业风险管理 …… 76
学习目标 …… 76
名人语录 …… 76
问题导入 …… 76
知识链接 …… 76
一、创业风险的概念 …… 76
二、创业风险的来源 …… 76
三、创业风险的管理 …… 77
拓展训练 …… 79
一、小组讨论 …… 79
二、探索活动 …… 80
三、创业访谈 …… 81
四、能力训练 …… 81
第三节 大学生创业项目选择策略 …… 81
学习目标 …… 81
名人语录 …… 81
问题导入 …… 82
知识链接 …… 82
一、选择项目应遵循的基本原则 …… 82
二、创业项目选择的策略 …… 84
拓展训练 …… 87
一、案例分析 …… 87
二、探索活动 …… 87

第五章 创业者与创业团队

开篇故事 …… 90
第一节 创业者素质 …… 90
学习目标 …… 90
名人语录 …… 91
问题导入 …… 91
知识链接 …… 91
一、创业者应具备的素质 …… 91
二、创业者素质的提升 …… 94
拓展训练 …… 97
一、小组讨论 …… 97
二、探索活动 …… 97
三、能力训练 …… 102
四、影片推荐 …… 104
第二节 创业团队组建与管理 …… 104
学习目标 …… 104
名人语录 …… 105
问题导入 …… 105
知识链接 …… 105
一、创业团队的概念 …… 105
二、创业团队的组成要素 …… 105
三、组建优秀创业团队的要点 …… 106
四、创业团队的管理 …… 107

拓展训练 …… 110
一、小组讨论 …… 110
二、能力训练 …… 110
第三节 大学生创业团队经典案例 …… 111
案例一 三个大学生的艰辛创业路 …… 111
案例二 三个大学生拍毕业照赚钱，两个月入账 40 万 …… 112
案例三 资金不够一起凑，仨“90 后”上演长春版“中国合伙人” …… 113

第六章 创业资源与融资

开篇故事 …… 118
第一节 创业资源概述 …… 119
学习目标 …… 119
名人语录 …… 119
问题导入 …… 119
知识链接 …… 119
一、创业资源的概念 …… 119
二、创业资源的种类 …… 120
三、创业资源的来源 …… 120
四、创业资源获取 …… 120
拓展训练 …… 121
一、案例分析 …… 121
二、能力训练 …… 122
第二节 创业资源管理 …… 122
学习目标 …… 122
名人语录 …… 122
问题导入 …… 122
知识链接 …… 123
一、创业资源的开发和整合 …… 123
二、创业资源的整合过程 …… 124
拓展训练 …… 126
一、案例分析 …… 126
二、探索活动 …… 127
第三节 创业融资的选择策略 …… 128
学习目标 …… 128
名人语录 …… 128
问题导入 …… 128
知识链接 …… 128
一、创业融资的概念 …… 128
二、创业融资的渠道 …… 129
三、创业融资的选择策略 …… 131
四、创业资金估算 …… 131
拓展训练 …… 132
一、小组讨论 …… 132
二、探索活动 …… 132
三、创业访谈 …… 133

第七章 创业计划

开篇故事 …… 136
第一节 产生与研讨创业构想 …… 137
学习目标 …… 137
名人语录 …… 137
问题导入 …… 137
知识链接 …… 137
一、产生创业构想 …… 137
二、研讨创业构想 …… 138
拓展训练 …… 138
探索活动 …… 138
第二节 商业模式设计与创新 …… 139
学习目标 …… 139
名人语录 …… 140
问题导入 …… 140

知识链接……140
一、商业模式的概念及构成要件……140
二、商业模式的设计……142
三、商业模式创新……143
拓展训练……146
一、案例分析……146
二、探索活动……146
第三节 撰写与评价创业计划书……147
学习目标……147
名人语录……148
问题导入……148
知识链接……148
一、创业计划书的概念……148
二、创业计划书的基本结构……148
三、创业计划书具体内容的编写……151
四、创业计划书的检查……158
拓展训练……158
能力训练……158

第八章 新创企业管理

开篇故事……162
第一节 新企业创办……163
学习目标……163
名人语录……163
问题导入……163
知识链接……164
一、新企业组织形式的选择……164
二、新企业的注册流程……166
三、新企业的选址……169
拓展训练……171
一、小组讨论……171
二、探索活动……171
第二节 新企业的营销与财务管理……172
学习目标……172
名人语录……173
问题导入……173
知识链接……173
一、新企业的营销管理……173
二、新企业的财务管理……178
拓展训练……179
一、小组讨论……179
二、探索活动……179
三、能力训练……180
四、视频推荐……180
第三节 新企业的成长管理及策略……181
学习目标……181
名人语录……181
问题导入……181
知识链接……182
一、企业成长周期……182
二、新企业成长的驱动因素……183
三、新企业成长管理的策略……185
拓展训练……189
一、案例分析……189
二、能力训练……189
参考文献……191

第一章

初识创新与创业

自我思考：

时代是思想之母，实践是理论之源。每个时代都有人们遵循和崇尚的精神。青年是祖国的未来、民族的希望。中国共产党的创始人之一李大钊同志说过，青年要“为世界进文明，为人类造幸福，以青春之我，创建青春之家庭，青春之国家，青春之民族，青春之人类，青春之地球，青春之宇宙，资以乐其无涯之生”。当代大学生是时代责任的担当者，是经济建设和社会建设的生力军，如何迎接与融入“大众创业、万众创新”的新时代，是每一位大学生应认真思考的主题。

试问你认为创新难吗？你现在想创业吗？你认为在你日常生活中有适合你创业的项目吗？你能列举或讲述一个你熟悉的亲戚、朋友创业成功或失败的事例吗？你分析过他（她）为什么会创业成功或失败吗？

开篇故事

苹果公司的创新策略

苹果公司（Apple Inc.）是美国的一家高科技公司。在2003年初，苹果公司的市值不过60亿美元左右，到2010年7月30日，苹果公司的市值接近2 500亿美元，超越了微软公司，成为全球最具价值的科技公司。一家公司在短短7年之内市值增加了40倍，这可以说是一个奇迹。其成功主要缘于不断创新。

一、产品的创新

从1998年到2010年，苹果公司陆续推出以i为前缀的创新产品。

（1）1998年，第一款iMac推出，它是第一个以i为前缀的苹果产品。

（2）2001年，iPod音乐播放器推出，此后苹果公司陆续推出10款iPod型号，包括iPod nano、iPod mini等。到2010年4月为止，苹果公司共售出1亿只iPod。

（3）2003年，苹果公司推出iTunes，创建了一个具有强大商业模式的优秀软件，证明只要价格合适、界面足够简单，人们实际上是可以为音乐付费的。

（4）2007年，苹果公司推出iPhone，掀起了一场手机革命，此设备将Email、电影、音乐和网站浏览结合到一个3.5英寸的移动电话上。

（5）2010年初，苹果又推出iPad。这款新产品采用了和iPhone同样的操作系统，外观也像一个放大版的iPhone，在应用软件方面也沿用了iPhone APP Store的模式。

二、理念的创新

1. 根据用户需要而非技术需求设计新产品

在产品的设计上，苹果开发团队首先考虑用户的个性化需求及操作的简便性。例如，iPod不是第一款音乐播放器，却是第一款能够满足用户在欣赏音乐过程中的各种需求的播放器。iPod开发团队首先对MP3播放器为何滞销进行了调查，发现其中一个原因就是播放器存储容量小，当用户想听别的歌曲时不得不将内容一条条地进行替换，不能给用户提供一种良好的体验，因此，iPod开发者将产品定位在大容量播放器上。在设计上，为了使用户能更方便地操作，尽量避免一切和音乐无关的硬件。此外，iPod还有一些附加的功能，如录音、数码拍照、像移动硬盘一样存储非音频格式的数据文件等，方便了用户的工作和生活需求。

2. 超越顾客的需求

苹果公司的理念不仅是要满足顾客的需求，而且要超越顾客的需求。例如，用户对手机的追求已经不再是简单的通话功能，各种应用程序和良好的移动互联网体验才是现在以及未来用户所关注的焦点，而 iPhone 提前为用户准备好了一切。于是 iPhone 不仅仅是取得了自身的成功，更是将手机市场引入了另一个境界，智能、触控、大屏幕、应用程序，在传统手机市场还没有反应过来时，它已经成为了新一代手机市场的领军者。

三、商业模式的创新

1. 重新审视客户的价值主张，创造出一个新的市场

iTunes Music Store 就是这样一种成功的商业模式。它是苹果开办的在线音乐商店，和第三代 iPod 同时发布，其曲目更新速度往往比唱片出版还快，歌手众多，曲目、专辑信息非常详尽。这种服务模式非常切合消费者的实际需求，在这里，用户可以用 0.99 美元的价格下载新唱片中的任意一首歌，而不必为一两首歌买下整张专辑。利用 iTunes iPod 的组合，苹果开创了一个全新的商业模式——将硬件、软件和服务融为一体，为用户提供了前所未有的便利。

对于苹果而言，iPhone 的核心功能就是一个通讯和数码终端，它融合手机、相机、音乐播放器和掌上电脑的功能，这种多功能的组合为用户提供了超越手机或者 iPod 这样单一的功能。苹果的 APP Store 拥有近 20 万个程序，这些程序也是客户价值主张的重要组成部分。除此之外，苹果在用户体验方面做得非常出色，这些都是苹果提供的客户价值主张。

2. 创新的赢利模式

对于苹果公司而言，赢利路径主要有两个：一个是靠卖硬件产品来获得一次性的高额利润，二是靠卖音乐和应用程序来获得重复性购买的持续利润。由于优秀的设计及超过 10 万计的音乐和应用程序的支持，无论是 iPod、iPhone 还是 iPad，都要比同类竞争产品的利润高很多。同样，由于有上面这些硬件的支持，那些应用程序也更有价值。

经过分析苹果在商业模式上的创新，可以看出，苹果在明确客户主张和公司赢利模式方面做了很多创新，从而在为客户创造价值的同时，也为公司创造了价值，并得到了投资者的认可。

资料来源：精益六西格玛委员会网

第一节　认知创新

- 掌握创新的概念。
- 熟悉创新的类型。

1. 想别人不敢想的，你已经成功了一半；做别人不敢做的，你就会成功另一半。

——阿尔伯特·爱因斯坦

2. 人的时间有限，不要把宝贵的时间浪费在重复其他人的生活上，人活着就是要找到你真正所爱的东西，让每天都精彩绝伦，人活着就是要改变世界！

——苹果公司联合创办人　史蒂夫·乔布斯

创业是一个从无到有的过程，很多时候，我们要做的事，别人可能已经做了，或者也准备做，在这样的竞争中，企业或个人要想获得生存，就需要创新。在进行下面的学习之前，请同学们先回答以下问题：

（1）创新是什么？在生活中你或你的朋友有过创新行为吗？

（2）如何才能创新？

什么是创新？

一、创新的概念

创新是指以现有的思维模式提出有别于常规或常人思路的见解为导向，利用现有的知识和物质，在特定的环境中，本着理想化需要或为满足社会需求，而改进或创造新的事物、方法、元素、路径、环境，并能获得一定有益效果的行为。

创新是当下中文使用频率最高的词之一，同时也是含义最广的词之一。创新有三层含义：一是更新；二是创造新的东西；三是改变。诚然，并不是只有重大的发明创造才是创新；实际上，对各种产品、工作方法、商业模式、服务模式的改进等都属于创新。

总之，创新是人类特有的认识能力和实践能力，是人类主观能动性的高级表现，是推动民族进步和社会发展的不竭动力。一个民族要想走在时代前列，就一刻也不能没有创新思维，一刻也不能停止各种创新。

二、创新的类型

1．产品创新

产品创新就是研究开发和生产出更好的满足顾客需要的产品，使其性能更好，外观更美，使用更便捷、更安全，总费用更低，更符合环境保护的要求。

产品创新可在 3 个层面上实现：

（1）开发出具有新功能的产品。例如，3D 打印行业中翘楚 3D Systems 发布的 Cube 3D 打印机具有打印平台自动找平功能，且打印支撑结构更容易去除。该产品可同时使用 PLA 和 ABS 两种材料打印，并最多支持两种颜色。采用了全新彩色触摸屏，具有直观的用户界面，打印时拥有漂亮的 LED 高亮显示，堪称 3D Systems 的杀手级产品。

（2）产品结构方面的改进。例如，使产品轻、巧、小、薄，携带和使用方便，节省材料、降低能耗。电子记事本、摄像机、手提电脑、超薄洗衣机等就是典型的例子。

（3）外观方面的改进。例如，服装款式及色彩的改变都可以使顾客需求得到新的满足，从而增加销售收入。例如，苹果电脑一度依靠推出彩壳流线型 PC 机，而显著提高了市场占有率。

2．技术创新

技术创新是指采用新的生产方法或新的原料生产产品，以达到保证质量、降低成本、保护环境或使生产过程更加安全和省力。

技术创新案例

技术创新可在 4 个层面上实现：

（1）工艺路线的革新，这是生产方式思路的改变。例如，用精密铸造、精密锻造、粉末冶金代替金属切削生产复杂的机械零件，可大大缩短生产周期，降低成本。

（2）材料替代和重组。例如，前几年，一些国家农产品过剩，农场主负债累累，政府补贴农业的财政负担沉重。不少农业州的农民与大学合作，从环保角度，以农产品作原料生产工业产品，比如用玉米生产一次性水杯、餐具和包装盒，从玉米中提取燃烧用的乙醇，从大豆中提取润滑油替代石油产品等，受到市场欢迎，当地政府决定给予减税和强制推行等支持。

（3）工艺装备的革新。例如，用电脑绣花机代替手工绣花；用数控机床代替手动操作机床等。

（4）操作方法的革新，用更省力、更高效的操作方法，代替过去的一些传统的、不适应现代技术进步的操作方法。

制度创新案例

3．制度创新

制度创新是从社会经济角度来分析企业系统中各成员间正式关系的调整和变革。制度是组织运行方式的原则规定。企业制度主要包括产权制度、经营制度和管理制度等三个方面的内容。

产权制度、经营制度、管理制度这三者之间的关系是错综复杂的（实践中相邻的两种制度之间的划分甚至很难界定）。一般来说，一定的产权制度决定了相应的经营制度。但是，在产权制度不变的情况下，企业具体的经营方式可以不断进行调整。

同样，在经营制度不变时，具体的管理规则和方法也可以不断改进。而当管理制度的改进发展到一定程度时，则会要求经营制度作相应的调整。经营制度的不断调整，则必然会引起产权制度的革命。因此，反过来，管理制度的变化会反作用于经营制度，经营制度的变化会反作用于产权制度。

制度创新的方向是不断调整和优化企业所有者、经营者、劳动者三者之间的关系，使各个方面的权力和利益得到充分的体现，使组织中各种成员的作用得到充分的发挥。

4．职能创新

职能创新就是在计划、组织、控制、协调等管理职能方面采用新的更有效的方法和手段，具体内容包括以下几个方面。

（1）计划的创新。许多企业在计划工作中运用运筹学取得显著成效，例如，某企业从 2012 年开始在购电、电网运行和用电方面采用目标规划，使企业电费年节约额达 2 000 万元以上。

（2）控制方式的创新。例如，丰田公司首创准时生产制（JIT），显著降低了成本。

（3）用人方面的创新。例如，应用测评法招聘选拔和考核干部员工，采用拓展训练等方法改善培训效果等。

（4）激励方式的创新。例如，一些企业实行“自助餐式”奖励制度，使同样的支出获得了更好的激励效果。

（5）协调方式的创新。例如，福建南平市政府试行科技特派员制度，他们通过调查，了解村镇和农业大户需要哪些技术支持，同时将全市 3 500 名农业科学技术人员按专长分类公布，然后将两者对接起来，实行双向选择，结果农户收入和农业科技部门、农业技术人员的收入都大幅度增加。

5．结构创新

结构创新是指设计和应用新的更有效率的组织结构。结构创新按其影响系统的范围可分为技术结构的创新和经济与社会结构的创新两类。

（1）技术结构的创新。例如，福特在 20 世纪 20 年代首创流水线生产方式，让工人依次地完成简单工序，大大提高了生产率，从而开创了大规模生产标准产品的工业经济时代。

（2）经济与社会结构的创新。通过调整人们的责、权、利关系以提高组织效能。例如，通用汽车公司 20 世纪 20 年代采用事业部制，解决了统一领导与分散经营的矛盾，使规模经营与适应市场的要求得到了统一，极大地增强了竞争力。

6. 环境创新

就企业来说，环境创新的主要内容是市场创新。市场创新主要是指通过企业的活动去引导消费，创造需求。新产品的开发往往被认为是企业创造市场需求的主要途径。其实，市场创新的更多内容是通过企业的营销活动来进行的，即在产品的材料、结构、性能不变的前提下，或通过市场的地理转移，或改进交易和支付方式以及通过揭示产品新的物理使用价值，来寻找新用户。也可以通过广告宣传等促销工作，来赋予产品以一定的心理使用价值，影响人们对某种消费行为的社会评价，从而诱发和强化消费者的购买动机，增加产品的销售量。

一、小组讨论

通常，创新是从发现问题，解决问题，即“挖痛”开始的。请阅读下列短文，谈一谈你对创新或成功或财富的理解。

卖石头的青年

有两个青年一起在山上采石头。一个把大石块砸成石子，卖给那些建房的人；另一个则直接把开采的石块运到杭州，卖给那里的花鸟商人。因为那山上怪石嶙峋，他就只卖造型不卖重量。几年后，卖石头造型的青年盖起了村里的第一间瓦房。

后来政府号召村民在山上种树，而且禁止开采石头。于是，荒山变成了果园。一到秋天，漫山遍野的鸭梨吸引着来自四面八方的商人。因为这里产的鸭梨又大又甜，香脆可口，他们便把鸭梨成筐成筐地运往全国各大城市，后来还增加了出口，直接运往世界各国。

就在大家忙着种果树的时候，那个卖石头造型的青年却卖掉了果树，种上了柳树。因为他发现，客商缺的不是鸭梨，而是用来装鸭梨的筐。几年后，他又第一个在城里买了房子。

又过了几年，一条铁路修到了村里，贯穿南北。小山村不像以前那么闭塞了，果农们也开始了果品的加工和市场的开发。就在一些人开始集资办厂的时候，还是那个青年，在他的地头砌了一垛 3 米高、百米长的墙。这垛墙面正朝着铁路，两旁是一望无际的万亩果园。坐火车经过这儿的人，在欣赏果园的美景时，会突然看到几个醒目的大字：可口可乐。据说这是几百里铁路沿线唯一的广告。那垛墙的主人凭借这垛墙，每年有 6 万元的广告收入。

有一天，日本一家大公司的亚洲代表来中国考察。当他坐火车经过这个小山村时，听到这个故事，十分钦佩主人公敏锐的商业头脑，决定马上下车找到这个经商奇才。

当那个代表找到这个人的时候，他正在自己的店门口与对门的店主吵架。因为他店里的一套西装标价 1 000 元的时候，同样的西装在对门标价 900 元；他标价 900 元的时候，对门就标价 800 元。几个月下来，他仅批发出 9 套西装，而对门那家却批发出了 1 000 套。

那个代表看到这种情形，大失所望，以为上了讲故事的人的当。可当他得知对门的那个店也是归那青年所有之后，立刻决定以百万的年薪聘请他来公司任职。

成功有时就来自于你独特的眼光和非凡的创意。同一种事物，聪明人总能发现其中潜在的价值，并将其很好地利用，为自己赢得财富。

来源：日本新华侨报网

二、创新体验

活动目的：

让学生体会创新的乐趣。

活动内容：

请同学们列出可以改进、进行创新设计的某些学习、生活用品（至少三种），说明需要改进的具体方面。

活动结束后，教师可根据表 1-1 进行评分。

表 1-1　活动评价表

评分标准	满分	实际得分	备注
需要改进的用品数量（1 个 10 分）			
改进的创新性	40		
其他	20		
总　分			

第二节 认知创业

- 掌握创业的概念。
- 了解创业的要素。
- 掌握创业的过程。

1. 如果你教一个人如何为他人工作，只能养活他一年；如果你教他如何成为创业者，将能养活他一生。

——创业教育之父 杰弗里·蒂蒙斯

2. 我的创业历程是不断寻找、不断纠正的过程。

——中国网络游戏先行者、网游2.0理论建立者 吴渔夫（Fishman）

创业就是挖掘自身潜力、整合周围资源、体现自身价值的过程。在进行下面的学习之前，请同学们先回答以下几个问题：

（1）什么是创业？

（2）大学生为什么要进行创业？

（3）创业成功的关键要素是什么？

一、创业的概念

何谓创业，至今在学者界尚无一个大家均认同的、统一的、标准的定义。“创业”一词，在《新华词典》里的定义是“开创事业”；在《现代汉语词典》中的解释为“创办事业”。而“事业”是指人所从事的，具有一定目标、规模和系统并对社会发展有影响的活动。《辞海》中对“创业”的解释是“创立基业”。“基业”可谓是事业的基础。诚然，创业的实质是创办事业。这是从广义上理解的创业。

狭义的创业通常是指自行承担风险的个人或团队不拘泥于当前资源条件的限制，寻求机会，进行创造价值的系列行动或过程。本书创业作狭义理解。创业既是一种精神，也是一种行动，更是一个过程，是一个从无到有，或说从 0 到 1 的创造过程。

创业的概念包括以下几层含义：

（1）创业是一个创造的过程，即创业者要付出努力和代价。

（2）创业的本质在于对机会的商业价值的发掘与利用，即要创造或认识到事物的一个商业用途。

（3）创业的潜在价值需要通过市场来体现，即市场是实现财富的渠道。

（4）创业以追求回报为目的，包括个人价值的满足与实现、知识与财富的积累等。

二、创业的要素

创业的三大核心要素

1. 创业的关键要素

创业的关键要素包括创业机会、创业团队和创业资源。

创业机会就是创业者可以利用的商业机会。从创业过程的角度来说，创业机会是创业的起点，创业过程就是围绕着创业机会进行识别、开发、利用的过程。

创业团队是指在创业初期（包括企业成立前和成立早期），由一群才能互补、责任共担、愿为共同的创业目标奋斗的人所组成的特殊群体。

创业资源是指创业企业在创造价值的过程中需要的特定资产，包括有形资产与无形资产。它是企业创立和运营的必要条件，主要表现为创业人才、创业资本、创业技术和创业管理等。

2. 创业各要素之间的关系

我们可以从以下几个方面来认识创业各要素之间的相互关系：

第一，创业机会是创业过程的重要驱动力，创业团队是创业过程的主导者，创业资源是创业成功的必要保证。创业过程始于创业机会，而不是资金、战略、网络、团队或创业计划。开始创业时，创业机会比资金、团队的才干和能力及合适的资源更重要。在创业过程中，创业机会与创业资源之间经历着一个适应—差距—适应的动态过程。

第二，创业过程是创业机会、创业团队与创业资源三个要素匹配和平衡的结果。创业团队要善于配置和平衡，借此推进创业过程，包括对创业机会的理性分析和把握，对创业风险的认识和应对，对创业资源的合理配置和利用，对工作团队适应性的认识和分析等。

第三，创业是一个连续不断地寻求平衡的行为组合。三个要素的绝对平衡是不存在的，但创业过程要保持发展，必须追求一个动态的平衡。这期间创业团队必须思考的问题包括：目前的团队能否领导组织未来的成长？组织面临怎样的资源状况？下一阶段的运作与成功面临哪些困难与陷阱？这些问题在组织发展的不同阶段会以不同的形式出现，它牵涉到组织的可持续发展。

三、创业的过程

创业过程包括从产生创业想法到创建新企业并获取回报的整个过程，通常可分为以下六个主要环节。

1．产生创业动机

创业动机是创业的原动力，它推动创业者去发现和识别市场机会。创业活动的主体是创业者，创业活动首先取决于个人是否希望成为创业者。创业动机不仅是打算创业的一时冲动，更是对创业目标与预期收益的深思熟虑。

2．识别创业机会

识别创业机会是对可能成为创业机会的诸事件的分析和对创业预期结果的判断。创业机会一般分为两种：一种是意外发现的，一种是经过深思熟虑才发现的。国家产业政策的调整、新技术的出现、人口和家庭结构的变化、人们的物质和精神需求的变化、流行时尚等都可能形成创业机会。创业者应该具有敏感的嗅觉，能够及时、准确地识别创业机会，识别之后，还要对创业机会进行评价和提炼。这里需要创业者将知识、经验、技能和其他市场所需的资源进行整合。

3．整合有效资源

资源是创业的基础性条件，整合资源是创业者开发机会的重要手段。强调整合资源，是因为创业者可以直接控制的可用资源往往很少，许多成功的创业者都有白手起家的经历。创业者需要整合的资源包括基本信息（有关市场、环境和法律问题）、人力资源（合作者、最初的雇员）、财务资源等。

4．创建新企业

创建新企业需要进行大量的准备工作，其中创业计划、创业融资和注册登记尤为关键。创意能否变成行动，关键看其能否形成一个周密的创业计划；资金往往成为创业企业的“瓶颈”，创业融资在企业的创建过程中至关重要；当创业者完成创业计划并获得融资之后，就可以按照法定程序进行注册登记，包括确定企业的组织形式、设计企业名称、向工商行政管理机关提出企业登记注册申请、领取营业执照等。

5．实现机会价值

创业者整合资源、创建新企业的目的是实现机会价值，并通过实现机会价值来实现自己的创业目标。这是创业过程中的重要环节，确保新创建的企业生存是创业者必须面对的挑战，但创业者不能仅仅考虑生存，同时还要考虑成长，不成长就无法生存得更好，在激烈竞争的环境中尤其如此。创业者需要了解企业成长的一般规律，预见企业不同成长阶段可能面临的问题，采取有效的措施予以防范和解决，使机会价值等到充分的实现，同时不断地开发新的机会，把企业做活、做大、做强、做长。

6. 收获创业回报

对回报的正当追求是创业活动的目的，有助于强化创业者对事业的执著。对创业者来说，创业是获取回报的手段和途径，是一种载体。回报可能是多种多样的，对回报的满意程度在很大程度上取决于创业者的创业动机。有调查发现，多数创业者的创业动机首先是自己当老板，然后才是追求利润和财富，对这些人来说，当老板的感受就是回报。

拓展训练

创业体验

微商运营金点子活动

活动目的：

能从已有的微商营销模式里找出创新点；能利用创新点进行创业模拟。

背景资料：

随着微博、微信为代表的移动互联网的兴起，微商作为一个新名词诞生了。有很多在职人员、全职妈妈、在校学生都在做微商，其中不乏成功人士。然而，由于微商加入的门槛太低，很难保证每个微商都会规范经营，最终造成市场鱼龙混杂，大量三无产品充斥于市场。消费者对微商的信任程度正在逐渐减低。

模拟情景：

小丽是某职业学校的一名女生，希望利用课余时间进行创业。经过仔细考虑，她觉得虽然消费者对微商的信任度正逐渐减低，但如果有好的创意和点子，在微信平台上开店并非不能赚钱；而且做微商成本低，时间自由，正好适合她这样的学生进行创业。

金点子：

请大家为小丽的创业项目出谋划策（可分组进行），包括：

（1）经营什么有创意的产品，使其从众多微商经营的产品中脱颖而出？

（2）如何进行创意营销，将经营的产品推广出去？

（3）除微信平台外，还有哪些网上平台适合小丽在其上进行创业？

创业体验：

（1）同学们在班级分享自己的好点子，采用头脑风暴法对其进行完善，形成可行性方案。方案中包含：经营团队人员及各自职责、供货渠道及供货商、微店的设计及商品资料的发布、微店的日常经营管理（业务洽谈、售后服务、微店的营销与推广）等。

（2）选取实验组，每 4～6 人为一组，按照方案进行创业模拟。

活动检测：

活动结束后，教师可根据表 1-2 进行评分。

表 1-2 活动评价表

评分标准	满分	实际得分	备注
金点子的可实施性	25		
产品创意	25		
营销创意	25		
其他	25		
总　分	100		

第三节 认知大学生创新创业政策

- 了解企业注册登记方面的优惠政策。
- 了解金融贷款方面的优惠政策。
- 了解税收缴纳方面的优惠政策。
- 了解企业运营方面的优惠政策。

每个人都想得到社会的认同，得到别人的尊重，都想展现自我价值，那么创业无疑是一条最好的道路。

——海尔集团董事局主席 张瑞敏

问题导入

随着我国“大众创业、万众创新”热潮地蓬勃兴起，为了鼓励和支持大学生创新创业，国务院和地方各级政府、高校先后出台了许多支持和优惠政策，精简了若干事项的申请、办理程序，涉及金融贷款、场地、培训、指导、税收、学籍管理等方方面面。认知、理解、运用这些政策，对于青年大学生投身于创新创业实践，走好创业第一步既重要，也非常必要。

知识链接

一、关于创业的政策

（一）企业注册登记方面的创业政策

1. 程序更简化

凡高校毕业生（毕业后两年内，下同）申请从事个体经营或申办私营企业的，可通过各级工商部门注册大厅“绿色通道”优先登记注册。其经营范围除国家明令禁止的行业和商品外，一律放开核准经营。对限制性、专项性经营项目，允许其边申请边补办专项审批手续。对在科技园区、高新技术园区、经济技术开发区等经济特区申请设立个体私营企业的，特事特办，除了涉及必须前置审批的项目外，试行“承诺登记制”。申请人提交登记申请书、验资报告等主要登记材料，可先予颁发营业执照，让其在 3 个月内按规定补齐相关材料。凡申请设立有限责任公司，以高校毕业生的人力资本、智力成果、工业产权、非专利技术等无形资产作为投资的，允许抵充 40%的注册资本。

2. 减免各类费用

除国家限制的行业外，工商部门自批准其经营之日起 1 年内免收其个体工商户登记费（包括注册登记、变更登记、补照费）、个体工商户管理费和各种证书费。对参加个私协会（个体劳动者协会、私营企业协会）的，免收其 1 年会员费。对高校毕业生申办高新技术企业（含有限责任公司）的，其注册资本最低限额为 10 万元，如资金确有困难，允许其分期到位；申请的名称可以“高新技术”“新技术”“高科技”作为行业予以核准。高校毕业生从事社区服务等活动的，经居委会报所在地工商行政管理机关备案后，1 年内免予办理工商注册登记，免收各项工商管理费用。

（二）金融贷款方面的创业政策

1．优先贷款支持、适当发放信用贷款

加大高校毕业生自主创业贷款支持力度，对于能提供有效资产抵（质）押或优质客户担保的，金融机构优先给予信贷支持。有关高校毕业生创业贷款，可以高校毕业生为借款主体，担保方可由其家庭或直系亲属家庭成员的稳定收入或有效资产提供相应的联合担保。对于资信良好、还款有保障的，在风险可控的基础上适当发放信用贷款。

2．简化贷款手续

通过简化贷款手续，合理确定授信贷款额度，一定期限内周转使用。

3．利率优惠

对创业贷款给予一定的优惠利率扶持，视贷款风险度不同，在法定贷款利率基础上可适当下浮或上浮。

（三）税收缴纳方面的创业政策

凡高校毕业生从事个体经营，自工商部门批准其经营之日起 1 年内免交税务登记证工本费。新办的城镇劳动就业服务企业（国家限制的行业除外），当年安置待业人员（含已办理失业登记的高校毕业生，下同）超过企业从业人员总数 60%的，经主管税务机关批准，可 3 年免纳所得税。劳动就业服务企业免税期满后，当年新安置待业人员占企业原从业人员总数 30%以上的，经主管税务机关批准，可减半缴纳所得税两年。

（四）企业运营方面的创业政策

毕业生自主创业政策

1．员工聘请和培训享受减免费优惠

对大学毕业生自主创办的企业，自工商部门批准其经营之日起 1 年内，可在政府人事、劳动保障行政部门所属的人才中介服务机构和公共职业介绍机构的网站免费查询人才、劳动力供求信息，免费发布招聘广告等；参加政府人事、劳动保障行政部门所属的人才中介服务机构和公共职业介绍机构举办的人才集市或人才、劳务交流活动给予适当减免交费；政府人事部门所属的人才中介服务机构免费为创办企业的毕业生、优惠为创办企业的员工提供一次培训、测评服务。

2．人事档案管理免两年费用

对自主创业的高校毕业生，政府人事行政部门所属的人才中介服务机构免费为其保管人事档案（包括代办社保、职称、档案工资等有关手续）两年。

3．社会保险参保有单独渠道

高校毕业生从事自主创业的，可在各级社会保险经办机构设立的个人缴费窗口办理社会保险参保手续。

知识拓展

2014年部分地区的大学生创业优惠政策

上海市：提供24小时保姆式服务

上海市人事局特别制定了大学生创新创业人才的扶植政策。上海人才发展资金将向创新创业大学生开放，并专设大学生创新创业资助资金，资助额度为5～20万元人民币；并给予为创新创业大学生办理人才引进、人才居住证的优惠政策。

同时，上海市人才服务中心对大学生实施24小时人事、人才服务响应制度，给予大学生创业者优质贴身、保姆式的服务。

重庆市：大学毕业生“一次办照，终身免费”

重庆市将加大对自主创业高校毕业生的资金支持力度，登记失业的高校毕业生自主创业可申请最高8万元的小额贷款。另外，对高校毕业生从事个体经营实行“一次办照，终身免费”的零收费政策，全部免除登记类、管理类收费。

天津市：无偿入驻创业孵化基地

创业孵化基地为创业大学生提供一至两年的免费创业场地，同时提供资金申请、企业登记注册、法律、工商、税务、财务、人事代理、管理咨询、项目推荐、项目融资等“一站式”服务。大学生创业孵化基地由市就业资金给予房租补贴，根据入驻企业招用高校毕业生数量，每人每平方米每天补贴1元，每人最高10平方米，每个企业最高补贴60平方米。未入驻大学生创业孵化基地但符合条件的大学生自主创业企业，市就业资金按同样标准给予企业房租补贴。

广东省：对优秀创业项目给予20万元补助

入选广东省留学人员创业启动支持计划的，一次性给予5万～50万元不等的资金资助；对高校毕业生优秀创业项目给予5万～20万元的资助；符合享受失业保险待遇条件或正在领取失业保险金的人员创业，可一次性申领应享受的失业保险金。

湖北省：在校生创业可申请扶植金

相比往年，2014年湖北省将扶植政策的对象扩大到在校生。根据项目是否符合国家产业政策、科学技术含量、市场前景及吸纳就业能力等因素，分别给予2万～20万元无偿资金扶植。

吉林省：享受3年的税费减免政策

在政策扶植方面，高校毕业生自主创业的，两年内免收劳动人事代理费，比照灵活就业困难人员享受不超过 3 年的社保补贴政策，并免费享受创业项目、创业培训、信息咨询等联动服务。毕业两年以内符合规定的高校毕业生从事微利项目经营的，可在创业地申请最高不超过 10 万元的财政贴息贷款扶植，以及 3 年的税费减免政策。

江西省：毕业生个人创业贷款提高到 10 万

对于符合高校毕业生自主创业条件的，可申请最高不超过 10 万元的小额担保贷款。对合伙经营和组织起来创业并经工商管理部门注册登记的，贷款规模最高不超过 50 万元。除此外，省本级还安排 1 000 万元小额担保贷款基金，专项为高校毕业生创业贷款提供担保。还对符合条件的高校毕业生，在 3 年内按每户每年 8 000 元为限额依次扣减其当年实际应缴纳的营业税、城市维护建设税、教育费附加和个人所得税。

另外，应届高校毕业生参加创业培训，根据创业者获得创业培训合格证书或创业情况，按规定给予人均 1 000～1 600 元的创业培训补贴。

资料来源：创业第一步网

二、关于创新的政策

（一）“大众创业、万众创新”方面的政策

推进大众创业、万众创新，是发展的动力之源，也是富民之道、公平之计、强国之策，对于推动经济结构调整、打造发展新引擎、增强发展新动力、走创新驱动发展道路具有重要意义，是稳增长、扩就业、激发亿万群众智慧和创造力，促进社会纵向流动、公平正义的重大举措。

为大力推进“大众创业、万众创新”，国家、地方出台了一系列相关扶持政策、保证公平公正的创业环境政策和制度。从国家层面上看，如《中共中央国务院关于深化体制机制改革加快实施创新驱动发展战略的若干意见》《国务院关于大力推进大众创业万众创新若干政策措施的意见》《中国制造 2025》等。

从地方层面上看，如中共深圳市委、深圳市人民政府出台的《关于促进科技创新的若干措施》《关于支持企业提升竞争力的若干措施》《关于促进人才优先发展的若干措施》等，及广州出台的创新驱动“1+9”系列政策：1 个主政策是《加快实施创新驱动发展战略的决定》，9 个配套政策分别是《加快科技创新的若干政策意见》《企业研发经费投入后补助实施方案》《促进科技企业孵化器发展的实施意见》《促进科技、金融与产业融合发展的实施意见》《对市属企业增加研发经费投入进行补助的实施办法》《促进新型研发机构建设发展的意见》《落实创新驱动重点工作责任的实施方案》《“羊城高层次创新创业人才支持计划”实施办法》《促进科技成果转化实施办法》。

（二）“互联网+”方面的政策

“互联网+”是创新 2.0 下的互联网与传统行业融合发展的新形态、新业态，是知识社会创新 2.0 推动下的互联网形态演进及其催生的经济社会发展新形态。2014 年 11 月，李克强出席首届世界互联网大会时指出，互联网是大众创业、万众创新的新工具。

2015 年 3 月 5 日上午十二届全国人大三次会议上，李克强总理在政府工作报告中首次提出“互联网+”行动计划。李克强在政府工作报告中提出，“制定‘互联网+’行动计划，推动移动互联网、云计算、大数据、物联网等与现代制造业结合，促进电子商务、工业互联网和互联网金融（ITFIN）健康发展，引导互联网企业拓展国际市场。”

2015 年 7 月 4 日，国务院印发《关于积极推进“互联网+”行动的指导意见》。这是推动互联网由消费领域向生产领域拓展，加速提升产业发展水平，增强各行业创新能力，构筑经济社会发展新优势和新动能的重要举措。

（三）发展众创空间方面的政策

发展众创空间方面的政策

众创空间是顺应创新 2.0 时代用户创新、开放创新、协同创新、大众创新趋势，把握互联网环境下创新创业特点和需求，通过市场化机制、专业化服务和资本化途径构建的低成本、便利化、全要素、开放式的新型创业服务平台的统称。

2015 年 1 月 28 日，国务院总理李克强主持召开国务院常务会议，确定支持发展“众创空间”的政策措施，为创业创新搭建新平台。2015 年 3 月，国务院办公厅发布《关于发展众创空间推进大众创新创业的指导意见》，提出到 2020 年，形成一批有效满足大众创新创业需求、具有较强专业化服务能力的众创空间等新型创业服务平台；培育一批天使投资人和创业投资机构，投融资渠道更加畅通；孵化培育一大批创新型小微企业，并从中成长出能够引领未来经济发展的骨干企业，形成新的产业业态和经济增长点；创业群体高度活跃，以创业促进就业，提供更多高质量就业岗位；创新创业政策体系更加健全，服务体系更加完善，全社会创新创业文化氛围更加浓厚。

拓展训练

搜集创新创业优惠政策

搜集国家或地方政府对创新创业活动的扶持政策，并从中筛选出你可能用到的政策。评分标准：找到的优惠政策越多得分越高。

第二章

创新与人生发展

自我思考：

创新是人类特有的认识能力和实践能力，是实现自我价值的重要方式，是推动民族进步和社会发展的不竭动力。一个人要想取得成就，一个民族要想走在时代前列，就一刻也不能没有创新思维，一刻也不能停止各种创新。

请同学们想一想，你是否经常人云亦云？是否总是效仿别人想法、说法、做法？有无提出过什么创新建议？

开篇故事

知名公司的电扇营销

日本的一家知名电气公司1952年前后曾一度积压了大量的电扇卖不出去，7万多名职工为了打开销路，费尽心机地想了不少办法，但依然进展不大。有一天，一名小职员向当时的董事长提出了改变电扇颜色的建议。在当时，全世界的电扇都是黑色的，该公司生产的电扇自然也不例外。这个小职员建议把黑色改为浅色。这一建议引起了董事长的重视。经过研究，公司采纳了这个建议。第二年夏天，公司推出了一批浅蓝色电扇，大受顾客欢迎，市场上还掀起了一阵抢购热潮。几个月之内就卖出了几十万台。从此以后，在日本及在全世界，电扇就不再都是一副统一的黑色面孔了。

只是改变了一下颜色，大量积压滞销的电扇，几个月之内就销售了几十万台。这一改变颜色的设想，效益竟如此巨大。事后，大家可能会觉得这个想法非常简单，但是，当时为什么该公司其他的几万名职工就没人想到？这是因为自有电扇以来都是黑色的，大家也都彼此效仿，代代相传，形成了一种惯例。时间越长，对人们的束缚就越大。而这名小职员的可贵之处就是突破了“电扇只能是黑色”这一思维定势束缚。

无论是在创新思考的开始，还是在其他某个环节上，当我们的思考陷入了困境时，有必要检查一下是否被某种思维定势捆住了手脚。一个人的创新思考陷入了某种思维定势大都是不自觉的，而跳出一种思维定势，则常常都需要自觉地作出努力。

资料来源：豆丁网

第一节　创新意识与创新精神

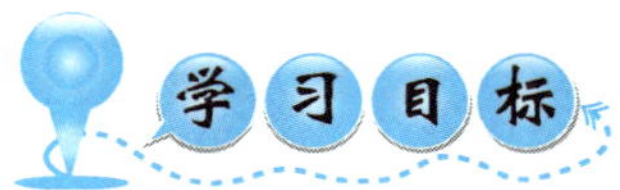

- 掌握创新意识和创新精神的概念。
- 熟悉创新意识的培养方法。
- 能树立创新意识，培育创新精神。

1．对于创新来说，方法就是新的世界，最重要的不是知识，而是思路。

——著名创新专家　郎加明

2．犹豫不决固然可以免去一些做错事的机会，但也失去了成功的机遇。

——美籍华裔企业家　王安

创新是社会发展的基础和源泉，而创新需要创新意识作为驱动因素，没有创新意识，创新活动根本无从谈起。创新精神是实现创新活动的保证，创新精神能使人们不受旧事物、旧思想、旧规则的约束，独创地提出新事物、新想法、新规则。在进行下面的学习之前，请同学们思考以下问题：

（1）什么是创新意识？如何培养创新意识？

（2）什么是创新精神？它在创新活动中起什么作用？

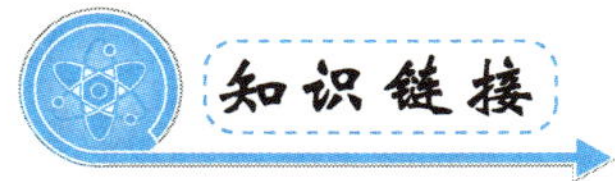

一、创新意识

（一）创新意识的概念

创新意识是指人们根据社会和个体生活发展的需要，引起创造前所未有的事物或观念的动机，并在创造活动中表现出的意向、愿望和设想。它是人们进行创造活动的出发点和内在动力，是创造性思维和创造力的前提。

（二）创新意识的培养

创新意识是可以培养的，大学生可以从以下几个方面培养其创新意识，为以后的创业之路做好准备。

1．破除创新思维枷锁

影响大学生进行创新思维的枷锁大致有如下五种：

1）从众型思维枷锁

大多数人都有从众心理，即人云亦云。比如你骑着自行车来到一个十字路口，看见红

灯亮着，尽管你清楚地知道闯红灯违反交通规则，但是你发现周围的骑车人都不停车而是直着往前闯，于是你就也会跟着大家闯红灯。这种跟在别人后面消极的思维永远是滞后的，没有新意的。

2）权威型思维枷锁

权威枷锁是指思维中的权威定势。人是教育的产物，来自教育的权威定势使人们逐渐习惯以权威的是非为是非，对权威的言论不加思考地盲信盲从，唯独缺少“自我思索、冲破权威、勇于创新”的意识。一味盲从权威，大学生的思维就失去了积极主动性。

3）经验型思维枷锁

经验是相对稳定性的东西，然而正因为这些经验的稳定性又可能导致人们对经验的过分依赖乃至崇拜，从而形成固定的思维模式，结果就会削弱头脑的想象力，造成创新思维能力的下降。从思维的角度来说，经验具有很大的狭隘性，它束缚了人的思维广度。而创新思维要求大学生必须拓展思路，海阔天空，束缚越少越好。

4）书本型思维枷锁

书本是一种系统化理论化的知识，是千百年来人类经验和体悟的结晶，它可以带给我们无穷多的好处，但如果我们一味地死读书，也不会有好的效果。大学生不应该成为书本的奴隶，而应该活学活用，读书不为书所累，“睹一事于句中，反三隅于字外”，做书本的主人，善于驾驭知识，理论联系实际。否则，死扣书本将严重影响一个人创新思维的发挥。

5）自我贬低型思维枷锁

做事没有信心，总认为“我不行，我做不到”，而从来不敢去尝试一下。及时打破这种思维枷锁，从内心深处树立起信心，大学生才会发现自己的潜力。

对于大学生来说，思维的枷锁就像一座监狱，只有将守旧观念丢掉，勇于冲破思维藩篱，才能走进创新的世界。

2. 充分激发创新思维潜能

1）精通所学，兴趣广泛

创新绝不是无本之木、无源之水，唯有打牢知识的基础，创新才有可能。因此，大学生应精通所学课程，并培养广泛的阅读兴趣。

2）处处留心皆学问

学习绝不仅限于课堂和读书，事实上，学习无处不在，与他人交流是学习，上网是学习，看电视也是学习，其关键在于我们是不是用心。例如，看古装电视剧，我们可以了解一些历史知识，如古人的习俗、衣着、饮食习惯、家具陈设以及计谋等；看现代电视剧可以了解当代年轻人所思所想所为等。

3）理论与实践相结合

古人云：读万卷书行万里路，唯有理论与实践相结合，理论才有意义。大学生应该活读书、读活书，而不应死读书、读死书。只有精通理论，才可能去改进实践；只有拥有丰富的实践经验，才可能产生新的理论。

4）打破砂锅问到底

大学生要培养自己的创新意识，应富有怀疑精神，探究各种事物的本源及其实质，打破砂锅问到底。例如，牛顿看到苹果落下，进而发现了万有引力定律。

5）强化创新意识

大学生要强化自己的创新意识，精神奋发、斗志昂扬，敢于打破对传统、权威、书本的迷思，敢走前人没有走过的路，敢创前人没有开创的新事业。

3．投身社会实践

实践是检验真理的唯一标准。所以，要开发大学生的创新思维，培养大学生的创新能力，必须投身社会实践。每一项的发明，无论是成功与失败，都是无数次创新思维实践过程的组合。

现代高校应针对大学生创新思维的培养，多组织开展行之有效的社会实践活动，让广大同学在课堂学习之余，充分走向社会，融入实践劳动，进行创新思维锻炼。只有在实践中才能找出想与做的差距，只有在实践中创新理念才能变为现实，也只有在实践中才能让大学生的创新意识、创新能力得到真正的发展。

二、创新精神

什么是创新精神？

（一）创新精神的概念

创新精神是指要具有能够综合运用已有的知识、信息、技能和方法，提出新方法、新观点的思维能力和进行发明创造、改革、革新的意志、信心、勇气和智慧。

（二）创新精神的内涵

具体来说，创新精神的内涵包含以下两个方面：

1．推陈出新精神

创新精神是一种勇于抛弃旧思想旧事物、创立新思想新事物的精神。例如，不满足已有认识，不断追求新知；不满足现有的生活生产方式、方法、工具、材料、物品，根据实际需要或新的情况不断进行改革和革新；不墨守成规（规则、方法、理论、说法、习惯），敢于打破原有框框，探索新的规律、新的方法；不迷信书本、权威，敢于根据事实和自己的思考，同书本和权威质疑；不盲目效仿别人想法、说法、做法，坚持独立思考，说自己的话，走自己的路；不喜欢一般化，追求新颖、独特、与众不同；不僵化、呆板，灵活地应用已有知识和能力解决问题……都是创新精神的具体表现。

2．科学精神

创新精神是科学精神的一个方面。例如，创新精神以敢于摒弃旧事物旧思想、创立新事物新思想为特征，同时创新精神又要以遵循客观规律为前提，只有当创新精神符合客观需要和客观规律时，才能顺利地转化为创新成果；创新精神提倡新颖、独特，同时又要受到一定的道德观、价值观、审美观的制约；创新精神提倡独立思考、不人云亦云，并不是不倾听别人的意见、孤芳自赏，而是要团结合作、相互交流，这是当代创新活动不可缺少的方式；创新精神提倡胆大、不怕犯错误，并不是鼓励犯错误，只是出现错误认知是科学探究过程中不可避免的；创新精神提倡不迷信书本、权威，并不反对学习前人经验，任何创新都是在前人成就的基础上进行的……总之，要用全面、辩证的观点看待创新精神。只有具有创新精神，我们才能在未来的发展中不断开辟新的天地。

一、创新实践

如何用 5 美元赚到 500 美元？

活动目的：

认识思维定式是束缚创新思维的枷锁；培养学生创新思维潜能。

背景资料：

斯坦佛大学有一个叫 Stanford Technology Ventures Program（斯坦福科技创业计划）的项目。Tina Seelig 是其中的明星导师，她的想法总是另辟蹊径。最近，她把自己的学生分成了 14 个小组，每组给一个带有“种子基金”的信封。但当他们打开信封的时候，发现里面有 5 美元的启动基金。每个队伍需要在 2 小时之内，运用这 5 美元赚到尽量多的钱。然后在周日晚上将他们的成果整理成文档发给教授并在周一早上用 3 分钟时间在全班同学面前展示。学生们有 4 天的时间去思考如何完成任务。

几个比较普遍的答案是先用初始基金 5 美元去买材料，然后帮别人洗车或者开个果汁摊。这些点子确实不错，赚点小钱是没问题的。不过有三支队伍想到了打破常规的更好办法，他们认真地对待这个挑战，考虑不同的可能性，创造尽可能多的价值。他们在 2 小时之内赚到了超过 600 美金的利润，5 美元的平均回报率竟然达到了 4 000%，他们是如何做到的呢？

方法一：一个队伍发现了大学城里的一个常见问题——周六晚上某些热门的餐馆总是排长队。这支队伍发现了一个商机，他们向餐馆提前预订了座位，然后在周六临近的时候将每个座位以最高 20 美元的价格出售给那些不想等待的顾客。在那一晚，他们观察到了一些有趣的现象：团队里的女学生比男学生卖出了更多的座位，可能是女性更具有亲和力的原因。所以他们调整了方案，男学生负责联系餐馆预订座位，女学生负责去找客人卖出他们的这些座位的使用权。

方法二：这一支队伍在学生会旁边支了一个小摊，帮经过的同学测量他们的自行车轮胎气压。如果压力不足的话，可以花一美元在他们的摊点充气。事实证明：这个点子虽然很简单但具有可行性。虽然同学们可以很方便地在附近的加油站免费充气，但大部分人都乐于在他们的摊点充气，而且对他们所提供的服务都表示了感谢。不过，在摊子摆了一个小时之后，这组人调整了他们的赚钱方式，他们不再对充气服务收费，而在充气之后向同学们请求一些捐款。就这样，收入一下子骤升了！这个团队和前面那个出售预订座位的团队一样，都是在实施的过程中观察客户的反馈，然后优化他们的方案，取得了收入的大幅提升。

方法三：这支队伍认为他们最宝贵的资源既不是 5 美元，也不是 2 小时的赚钱时间，而是他们周一课堂上的 3 分钟展示。这可是世界名校斯坦福大学啊，许多公司都想在这儿招人。于是他们把这 3 分钟展示时间卖给了一家想招聘的公司，帮他们在课堂上打广告，赚了 650 美元。

训练：

1. 结合案例，谈谈你对创新意识的理解？

2. 若你拥有 5 美元的创业基金，你如何用它来赚到尽量多的钱？请大家仿照斯坦福大学的 5 美元创业计划，开启自己的实践活动之旅。

二、游戏体验

聪明的尤卡

活动目的：

激发学生的创新潜能，培养学生的创新意识。

背景资料：

设计师尤卡在一次出国的旅途中，因腹泻而前往药店买药，在语言不通的情况下，他急中生智，画了一幅看起来有些恶搞的图（一个没穿衣服的男子，其身后接了一个正在放水的水龙头），药店医师在哑然失笑的同时明白了他的来意，并开出了适合的药方。当把故事背景作为前提，要求学生用图式的方式表达腹泻这一命题时，所有同学表现的画面都不超过四种类型：马桶、厕所门、蹲着的人、排泄物。我们对比前后的差别，后者趋向于表现和腹泻有关的事物和具体的动态，片段式的符号的截取甚至还会引起理解上的歧义。前者恰恰是用两个不相干的事物的组合，戏剧性地强调出了信息的主旨。

活动内容：

如果你是设计师尤卡，因心绞痛而前往药店买药，在语言不通的情况下，你有什么好办法让医师尽快明白你的来意？请同学们充分发挥自己的创新思维潜能，找到解决问题的方法。活动结束后，评选出表达命题最具创意的一组同学，请他们谈一谈他们的思维过程。

第二节　创新思维与创新能力

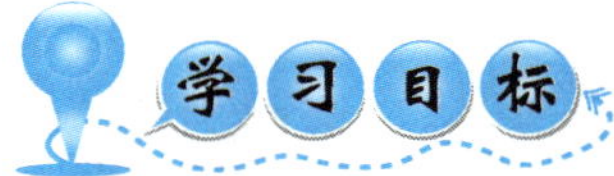

- 掌握创新思维的概念和种类。
- 了解创新能力的概念。
- 掌握创新能力的培养方法。
- 能在学习和生活中培养自己的创新思维和创新能力。
- 能摆脱习惯性思维的困境，用创新思维解决现实中的问题。

名人语录

在创新活动中，只有知识广博、信息灵敏、理论功底深厚、实践经验丰富的人，才易于在多学科、多专业的结合创新中和跳跃性的创造性思维中求行较大的突破。

——中国研究创新思维第一人　朗加明

问题导入

创新需要创新思维和创新能力。创新思维是一切创新活动的开始，是人的创新活动的灵魂和核心。创新能力是推动创新活动的动力，没有创新能力的参与，创新活动就没有生机和活力。在进行下面的学习之前，请同学们思考以下问题：

（1）什么是创新思维？

（2）阻碍创新思维的因素有哪些？

（3）什么是创新能力？你具备创新能力吗？

知识链接

牛郎织女的爱情是个反面教材

一、创新思维

（一）创新思维的概念

创新思维是一种有创见的思维，即人脑对客观事物未知成分进行探索的活动，是人脑

发现和提出新问题，设计新方法，开创新途径，解决新问题的活动。

（二）创新思维的种类

创新思维有很多种，以下是几种常见的、主要的创新思维形式或种类。

1. 逆向思维

逆向思维也叫求异思维，它是对司空见惯的似乎已成定论的事物或观点反过来思考的一种思维方式。例如，有人落水，常规的思维模式是“救人离水”，而司马光面对紧急险情，运用了逆向思维，果断地用石头把缸砸破，“让水离人”，从而救了小伙伴性命。

运用逆向思维，可以从三点把握：

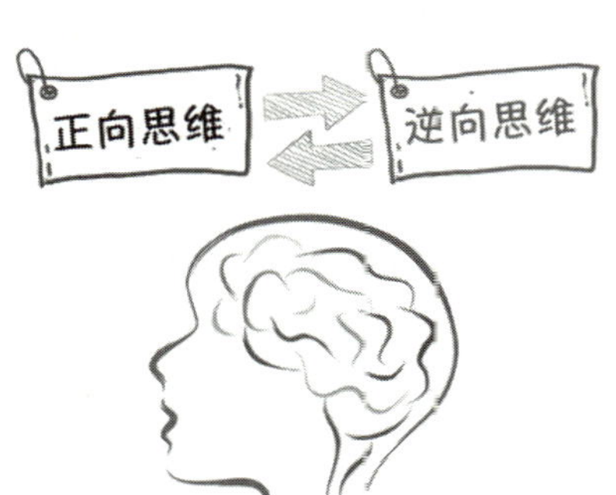

（1）反转型逆向思维法：是指将通常思考问题的思路反过来思考的一种思维方法。

（2）转换型逆向思维法：是指在研究一问题时，由于解决该问题的手段受阻，而转换成另一种手段，或转换角度思考，以解决问题的一种思维方法。

（3）缺点型逆向思维法：是指利用事物的缺点，将缺点变成可利用的东西的一种思维方法。

案例阅读

从前，有一辆货车在通过一座天桥时，司机因为没有看清天桥的高度标记，结果车正好被卡在了天桥下面。因为当时车上装的货物很重，所以一下子很难把货车开出来。为了弄出这辆货车，司机和当地交管部门的工作人员想了很多办法，都无济于事。这时，旁边围观的一个小孩子走了上来，笑着说：“你们为什么不把车胎的气放点出来呢？”大家一想，都觉得这确实是一个办法。于是，司机便放了一点车胎气，使货车的高度降了下来，最终汽车顺利地通过了天桥。

这就是逆向思维的奇妙之处，小孩子运用逆向思维，想到了他人没有想到的方法，巧妙地使汽车降低了高度，顺利通过了天桥。

逆向思维方式告诉我们，常规方法有时不能解决问题，反而会约束我们的思路，影响人们的创造性。这时，一定要让思维适时地“转弯”，从相反的方向去思考，也就是采用逆向思维法，往往会引出新的思路，让问题迎刃而解，达到“柳暗花明又一村”的效果。

2. 发散思维

发散思维又称辐射思维、放射思维、扩散思维或求异思维，是指在对事物或对问题的研究中，保持思想活跃和开放状态的思维。

什么是发散思维？

俗话说，“条条大路通罗马”。人的思维也是一样，面对一个问题，应该多角度思考，产生大量不同的设想，尽可能多地提出解决方案，不论方案是否可行，只求多、求新、求独创、求前所未有。

发散思维没有一定的方向，也没有一定的范围，它不墨守成规，也不拘于传统，它使得思维由单向思考转为多向思考或者立体思考，一定程度上说，人与人的创新能力的差别就体现在扩散思维能力上。

发散思维方式要求同学们勤于实践，注意有意识地训练自己的思维，使自己的思维处于异常活跃的状态。每当遇到问题时，应当尽可能赋予所涉及的人、物及事情整体以新的性质，摆脱旧有方法的束缚，运用新观点、新方法、新结论，反映出独创性。按照这个思路进行思维方法训练，往往能收到推陈出新的结果，使自己逐渐具有多方位、多角度、多方法思维的良好品质。

3. 集中思维

集中思维是指在发散思维的基础上，将获得的若干信息或思路加以重新组织，使之指向于一个正确的答案、结论或方案。具体说来，就是对发散思维提出的多种设想进行整理、分析、选择，再从中选出最有可能、最经济、最有价值的设想，并加以深化和完善，从而获得一个最佳的方案。

集中思维与发散思维，如同“一个钱币的两面”，是对立的统一，具有互补性，不可偏废。实践证明：在教学中，只有既重视培养学生发散思维，又重视集中思维的培养，才能较好地促进学生的思维发展，提高学生的学习能力，培养高素质人才。

4. 联想思维

联想思维是在原先并不相关的事物之间搭起一座认识的桥梁，将表面看来互不相关的事物联系起来的一种创新思维方式。联想思维可以使我们扩展思路、升华认识、把握规律，它又可细分为如下几种。

什么是联想思维？

1）接近联想

接近联想是指由一事物联想到在时间上或空间上相接近的另一事物。例如，由“阳春三月”联想到“桃花”，由“天安门”联想到“人民大会堂”，由三角形的外角和是 360°联想到四边形、多边形的外角和是不是也都是 360° 等。

2）对比联想

对比联想是指由一事物联想到和它具有相反特点的另一事物。例如，由朋友想到敌人，由水想到火，由战争想到和平等。

3）相似联想

相似联想是指由一事物想到另一个在与它性质上接近或相似的事物。例如，由大海想到海浪，想到鱼群，想到轮船，想到海底电缆，想到资源的开发和利用等。

4）关系联想

关系联想是指由事物所具有的各种关系而形成的联想思维。

5. 逻辑思维

逻辑思维是人们在认识事物的过程中借助于概念、判断、推理等思维形式能动地反映客观现实的理性认识过程。只有经过逻辑思维，人们才能把握事物的本质。例如，不管采取哪些创新思维的方法，都可能提出多种的新设想。这时，就要根据可行性和可能的社会经济效益来进行筛选。进行筛选的过程，主要就是运用逻辑思维的过程，要对每种设想进行分析、比较，作出判断并决定取舍，这就是逻辑思维。

6. 灵感思维

灵感思维，是指在事物的接触及思考中，因受到某种启发而产生的创新思维方式。它同顿感思维一样，是在科学研究和文学艺术创作中经常出现和运用的一种创新思维方式。

由于这种创新思维方式具有转瞬即逝的偶发性，所以，要善于抓住这种稍纵即逝的灵感思维，对此进行深入思考和研究，以促成新生事物的应运而生或疑难问题的解决。

二、创新能力

（一）创新能力的概念

创新能力也称为创造力，特指创造者进行创新活动的能力，也就是产生新的想法和新的事物或新理论的能力。

（二）创新能力的培养

创新能力和其他能力一样，可以通过不断地学习、练习和实践激发出来。

1. 学习

天才、伟人、科学家、发明家之所以获得成功，是因为他们具有独特的思维方式——创新思维。创新思维可通过学习获得。大学生应学习并掌握创新思维的种类及创新技法，了解束缚创新思维的枷锁，并有意识地摆脱固定的思维模式。

2. 练习

学习了创新思维之后，下一步就要练习。日常的训练是十分必要的，头脑通过不断的运作，就会更加灵活。

练习的内容包括想象力、逆向思维能力、扩散思维能力、联想思维能力、逻辑思维能力、创新构想等，要做到“量”中求“质”，先是“量”后是“质”。因为具有创新性的构想往往是从众多的构想中产生的。

3. 实践

实践就是用创新的思维、创新的技法创造性地解决各类问题。用创新思维去观察事物就会发现大量的问题有待解决。例如，日本一家柴油机厂开展“一日一构想”活动，把企业的生存和发展寄托在员工的创新活动上，要求每个员工每年提出可采纳的构想100条，结果员工每年每人平均提出300条以上。企业靠员工的“一日一构想”活动，每年的经济效益递增20%以上，企业不断兴旺发达。

4．坚持

大学生要认识到创新的重要性。在经济快速发展，科技日新月异的当今社会，只有创新才能促进发展，赢得未来。因此，我们应该把开展创新活动、迅速提升人的创新能力作为一项长期的任务来抓。

拓展训练

一、逆向思维训练

1．哭笑娃娃

（1）游戏目的：在迅速反应中发展思维的逆向性和流畅性。

（2）游戏玩法：一起玩“石头、剪刀、布”，不过，这次要做点小小的改动。每一次胜利者都要做“哭”的动作，输的一方则要做“笑”的动作，谁先做错就要被淘汰。

2．反口令

（1）游戏目的：能根据“口令”做相反的动作，训练思维的逆向性及思维的敏捷性。

（2）游戏玩法：你说“起立”，对方就要坐着不动；你说“举左手”，对方就要举右手；你说“向前走”，对方就要往后退……总而言之，对方要和你“反着来”才行。如果他做错了就算输。

二、发散思维训练

1．请在5分钟内尽可能多地写出带有数字一至十的词汇，如一心一意等；与朋友比一比，写得最多又无错误的为胜。

2．尽可能多地说出冰块的用途。

3．你能设计出更漂亮新颖的伞的形状吗？

4．尽可能多地列出肥皂的用途。

5．尽可能多地写出“缓解上班高峰期电梯拥挤”的方法。

6．A能够影响B，如：书籍能够影响人的身心。写出另外4种A和B。

7．用5个关键词编故事，看谁的思维最发散。

规则：所编故事一定要用到所有的关键词，无先后次序，长短不限，看谁编得最好。

关键词：古怪　台风　一棵树　杂货店　天使

三、集中思维训练

1．下列各词，哪一个与众不同？

（1）房屋　冰屋　平房　办公室　茅舍

（2）沙丁鱼　鲸鱼　鳕鱼　鲨鱼　鳗鱼

2．请填上缺失的数字或字母。

（1）2　5　8　11　____

（2）2　5　7

4　7　5

3　6　____

（3）E　H　L　O　S　____

3．假如你是一个钟表商店的经理，门前要挂两个大的钟表模型，你认为时针和分针摆在什么位置上最好？

4．三个孩子中有一个人偷吃了苹果，一个人说了真话，请找出偷吃苹果的孩子，为什么？

小明："我向来守规矩，没有偷吃苹果。"

小兵："不，小明撒谎。"

小刚："小兵胡说。"

四、联想思维训练

1．列出以下事物的相似之处，越多越好。

桌子和椅子

人才市场和商品市场

工厂和学校

2．遇到交通堵塞，车辆排起了长龙，你会有什么联想？

3．看到新生入学的场景，你会联想到哪些相近的事物？

4．"举头望明月，低头思故乡"是诗人在描写异乡客触景生情、思念家乡的思维活动，诗人是用什么联想方式进行描述的？

5．木头和皮球是两个风马牛不相及的概念，但可以通过联想作媒介，使它们发生联系：木头——树林——田野——足球场——皮球。那么，请同学想一想：

（1）天空和茶有什么联系。

（2）钢笔和月亮有什么联系。

五、逻辑思维训练

1．在 8 个同样大小的杯中有 7 杯盛的是凉开水，1 杯盛的是白糖水。你能否只尝 3 次，就找出盛白糖水的杯子来？

2．假设有一个池塘，里面有无穷多的水。现有 2 个空水壶，容积分别为 5 升和 6 升。问题是如何只用这 2 个水壶从池塘里取得 3 升的水？

3．一个人花 8 块钱买了一只鸡，9 块钱卖掉了，然后他觉得不划算，花 10 块钱又买回来了，11 块卖给另外一个人。问他赚了多少？

4．烧一根不均匀的绳要用一个小时，如何用它来判断半个小时？

第三节　创新创意技法

➢ 掌握头脑风暴法、奥斯本检核表法、5W2H 分析法、组合创造法和分析列举法的分析方法。

➢ 学会 5 种技法的运用，并能运用这些技法提出创新建议。

名人语录

1．方法是任何事物所不能抗拒的、最高的、无限的力量。

——德国著名哲学家　黑格尔

2．（创新是指）企业家实行对生产要素的新的结合。

——美籍著名经济学家　熊彼特

问题导入

我们常常感叹自己被习惯性思维、条条框框所约束，不能想出有创意的想法。其实，创新也讲究一定的规律和技巧，可通过练习培养出来。本节将讲述产生创新创意的 5 个技法。在进行下面的学习之前，请同学们思考以下问题：

（1）常用的创新创意技法有哪些？

（2）我们在生活中会经常使用哪种创新创意技法？

头脑风暴法

一、头脑风暴法

头脑风暴法（Brain Storming，BS 法）又称智力激励法或自由思考法（畅谈法，畅谈会，集思法）。

1. 头脑风暴法成功的关键

头脑风暴法成功的关键是探讨方式，即群体能进行充分、非评价性和无偏见的交流，具体可归纳以下几点：

- 自由畅谈：参加者不应该受任何条条框框限制，放松思想，从不同角度，不同层次，不同方位，大胆地展开想象，尽可能地标新立异，与众不同，提出独创性的想法。
- 延迟评判：当场不对任何设想作出评价，既不肯定或否定某个设想，也不对某个设想发表评论性的意见，一切评价和判断都要延迟到会议结束后才能进行。
- 禁止批评：每个人都不得对别人的设想提出批评意见，因为批评对创造性思维会产生抑制作用。即使自己认为是幼稚的、错误的，甚至是荒诞离奇的设想，亦不得予以驳斥。
- 追求数量：会议的目标是获得尽可能多的设想，追求数量是它的首要任务。参加会议的每个人都要抓紧时间多思考，多提设想。至于设想的质量问题，自可留到会后的设想处理阶段去解决。

2. 头脑风暴法的操作程序

- 准备阶段：① 主持人应事先对所议问题进行一定的研究，弄清问题的实质，找到问题的关键，设定解决问题所要达到的目标；② 选定与会人员，一般以 5～10 人为宜，不宜太多；③ 确定会议的时间、地点；④ 准备好报纸、记录笔等记录工具；⑤ 布置场所。
- 头脑风暴阶段：① 主持人简明扼要地介绍有待解决的问题；② 与会人员畅所欲言；③ 记录人员记录参加者的想法；④ 结束会议。
- 选择评价阶段：① 将大家的想法整理成若干方案，再根据相关标准进行筛选；② 经过多次反复比较，优中择优，最后确定 1～3 个最佳方案。

案例阅读

坐飞机扫雪

有一年，美国北方格外严寒，大雪纷飞，电线上积满冰雪，大跨度的电线常被积雪压断，严重影响通信。过去，许多人试图解决这一问题，但都未能如愿以偿。后来，电信公司经理为解决这一难题，召开了一次头脑风暴座谈会，参加会议的是不同专业的技术人员，经理要求他们必须遵守以下原则：

第一，自由思考。即要求与会者尽可能解放思想，无拘无束地思考问题并畅所欲言，不必顾虑自己的想法是否“离经叛道”或“荒唐可笑”。

第二，延迟评判。即要求与会者在会上不要对他人的设想评头论足，不要发表“这主意好极了！”“这种想法太离谱了！”之类的“捧杀句”或“扼杀句”。至于对设想的评判，留在会后组织专人考虑。

第三，以量求质。即鼓励与会者尽可能多而广地提出设想，以大量的设想来保证质量较高的设想的存在。

第四，结合改善。即鼓励与会者积极进行智力互补，在增加自己提出设想的同时，注意思考如何把两个或更多的设想结合成另一个更完善的设想。

按照这种会议规则，大家七嘴八舌地议论开来，有人提出设计一种专用的电线清雪机；有人想到用电热来化解冰雪；也有人建议用振荡技术来清除积雪；还有人提出能否带上几把大扫帚，乘直升机去扫电线上的积雪。对于这种“坐飞机扫雪”的想法，大家心里尽管觉得滑稽可笑，但在会上也无人提出批评。相反，有一位工程师在百思不得其解时，听到用飞机扫雪的想法后，大脑突然受到冲击，一种简单可行且高效率的清雪方法冒了出来。他想，每当大雪过后，出动直升机沿积雪严重的电线飞行，依靠调整旋转的螺旋桨即可将电线上的积雪迅速扇落。他马上提出“用干扰机扇雪”的新设想，顿时又引起其他与会者的联想，有关用飞机除雪的主意一下子又多了七八条。不到一小时，与会的 10 名技术人员共提出 90 多条新设想。

会后，公司组织专家对设想进行分类论证。专家们认为设计专用清雪机，采用电热或电磁振荡等方法清除电线上的积雪，在技术上虽然可行，但研制费用大，周期长，一时难以见效。那种因“坐飞机扫雪”激发出来的几种设想，倒是一种大胆的新方案，如果可行，将是一种既简单又高效的好办法。

经过现场试验，发现用直升机扇雪真能奏效，一个久悬未决的难题，终于在头脑风暴会中得到了巧妙地解决。随着创造活动的复杂化和课题涉及技术的多元化，单枪匹马式的冥思苦想将变得软弱无力，“群起而攻之”的战术则显示出攻无不克的威力。

资料来源：叶敏，谭润志，杨荣．大学生创新创业教程．上海：上海交通大学出版社．

二、奥斯本检核表法

奥斯本检核表法

奥斯本的检核表法是针对某种特定要求制定的检核表。所谓检核表是指根据需要研究的对象的特点列出有关问题，形成列表，然后一个一个地来核对讨论，从而发掘出解决问题的大量设想。

奥斯本检核表法原有 75 个问题，可归纳为九组提问，其核心是改进。九组问题包括：能否他用、能否借用、能否扩大、能否缩小、能否改变、能否代用、能否调整、能否颠倒、能否组合（见表 2-1）。

表 2-1　奥斯本检核表

序号	检核类别	检核内容
1	能否他用	现有的东西（如发明、材料、方法等）有无其他用途？保持原状不变能否扩大用途？稍加改变，有无别的用途？
2	能否借用	能否从别处得到启发？能否借用别处的经验或发明？外界有无相似的想法，能否借鉴？过去有无类似的东西，有什么东西可供模仿？谁的东西可供模仿？现有的发明能否引入其他的创造性设想之中？
3	能否扩大	现有的东西能否扩大使用范围？能不能增加一些东西？能否添加部件，拉长时间，增加长度，提高强度，延长使用寿命，提高价值，加快转速？
4	能否缩小	缩小一些怎么样？现在的东西能否缩小体积，减轻重量，降低高度，压缩、变薄？……能否省略，能否进一步细分？
5	能否改变	现有的东西是否可以作某些改变？改变一下会怎么样？可否改变一下形状、颜色、音响、味道？是否可改变一下意义、型号、模具、运动形式？……改变之后，效果又将如何？
6	能否代用	可否由别的东西代替，由别人代替？用别的材料、零件代替，用别的方法、工艺代替，用别的能源代替？可否选取其他地点？
7	能否调整	能否更换一下先后顺序？可否调换元件、部件？是否可用其他型号？可否改成另一种安排方式？原因与结果能否对换位置？能否变换一下日程？……更换一下，会怎么样？
8	能否颠倒	倒过来会怎么样？上下是否可以倒过来？左右、前后是否可以对换位置？里外可否倒换？正反是否可以倒换？可否用否定代替肯定？
9	能否组合	组合起来怎么样？能否装配成一个系统？能否把目的进行组合？能否将各种想法进行综合？能否把各种部件进行组合？

1. 能否他用

某个东西，“还能有其他什么用途？”“还能用其他什么方法使用它？”……这能使我们的想象活跃起来。当我们拥有某种材料时，为扩大它的用途，打开它的市场，就必须善于进行这种思考。有人想出了 300 种利用花生的实用方法，仅仅用于烹调，他就想出了 100 多种方法。橡胶有什么用处？有家公司提出了成千上万种设想，如用它制成：床毯、浴盆、人行道边饰、衣夹、鸟笼、门扶手、棺材、墓碑等等。炉渣有什么用处？废料有什么用处？边角料有什么用处？……当人们将自己的想象投入这条广阔的“高速公路”上时，就会以丰富的想象力产生出更多的好设想。

2. 能否借用

当伦琴发现“X 光”时，并没有预见到这种射线的任何用途。因而当他发现这项发现具有广泛用途时，他感到吃惊。通过联想借鉴，现在人们不仅已用“X 光”来治疗疾病，外科医生还用它来观察人体的内部情况。同样，电灯在开始时只用来照明，后来，改进了光线的波长，发明了紫外线灯、红外线加热灯、灭菌灯等等。科学技术的重大进步不仅表现在某些科学技术难题的突破上，也表现在科学技术成果的推广应用上。一种新产品、新工艺、新材料，必将随着它的越来越多的新应用而显示其生命力。

3. 能否扩大

在自我发问的技巧中，研究“再多些”与“再少些”这类有关联的成分，能给想象提供大量的构思设想。使用加法和乘法，便可能使人们扩大探索的领域。

“为什么不用更大的包装呢？”——橡胶工厂大量使用的黏合剂通常装在一加仑的马口铁桶中出售，使用后便扔掉。有位工人建议黏合剂装在五十加仑的容器内，容器可反复使用，节省了大量马口铁。

“能使之加固吗？”——织袜厂通过加固袜头和袜跟，使袜的销售量大增。

“能改变一下成分吗？”——牙膏中加入某种配料，便成了具有某种附加功能的牙膏。

4. 能否缩小

例如，袖珍式收音机、微型计算机等就是缩小的产物。没有内胎的轮胎，尽可能删去细节的漫画，就是省略的结果。

5. 能否改变

如汽车，有时改变一下车身的颜色，就会增加汽车的美感，从而增加销售量。又如面包，给它裹上一层芳香的包装，就能提高嗅觉诱力。据说妇女用的游泳衣是婴儿衣服的模仿品，而滚柱轴承改成滚珠轴承就是改变形状的结果。

6. 能否代用

通过取代、替换的途径可以为想象提供广阔的探索领域。例如，用充氩的办法来代替

电灯泡中的真空，使钨丝灯泡提高亮度。

7. 能否调整

重新安排通常会带来很多的创造性设想。飞机诞生的初期，螺旋桨安排在头部，后来，将它装到了顶部，成了直升机，喷气式飞机则把它安放在尾部，这说明通过重新安排可以产生种种创造性设想。商店柜台的重新安排，营业时间的合理调整，电视节目的顺序安排，机器设备的布局调整……都有可能导致更好的结果。

8. 能否颠倒

这是一种反向思维的方法，它在创造活动中是一种颇为常见和有用的思维方法。第一次世界大战期间，有人就曾运用这种“颠倒”的设想建造舰船，建造速度也有了显著的加快。

9. 能否组合

例如，把铅笔和橡皮组合在一起成为带橡皮的铅笔，把几种部件组合在一起变成组合机床，把几种金属组合在一起变成种种性能不同的合金，把几件材料组合在一起制成复合材料，把几个企业组合在一起构成横向联合……

案例阅读

表 2-2 是奥斯本检核表法在手电筒方面的运用。

表 2-2　手电筒的创新思路

序号	检核类别	引出的发明
1	能否他用	其他用途：信号灯、装饰灯
2	能否借用	增加功能：加大反光罩，增加灯泡亮度
3	能否扩大	延长使用寿命：使用节电、降压开关
4	能否缩小	缩小体积：1 号电池→2 号电池→5 号电池→7 号电池→8 号电池→纽扣电池
5	能否改变	改一改：改灯罩、改小电珠和用彩色电珠等
6	能否代用	代用：用发光二极管代小电珠
7	能否调整	换型号：两节电池直排、横排、改变式样
8	能否颠倒	反过来想：不用干电池的手电筒，用磁电机发电
9	能否组合	与其他组合：带手电的收音机、带手电的钟等

三、5W2H 分析法

5W2H 分析法又叫七何分析法，W 和 H 是其英文单词的第一个字母，包括 5 个 W 开头的问题和两个H开头的问题。这七个问题分别是：

（1）WHAT——是什么？目的是什么？做什么工作？

5W2H分析法

（2）HOW——怎么做？如何提高效率？如何实施？方法怎样？

（3）WHY——为什么？为什么要这么做？理由何在？原因是什么？造成这样的结果为什么？

（4）WHEN——何时？什么时间完成？什么时机最适宜？

（5）WHERE——何处？在哪里做？从哪里入手？

（6）WHO——谁？由谁来承担？谁来完成？谁负责？

（7）HOW MUCH——多少？做到什么程度？数量如何？质量水平如何？费用产出如何？

发明者通过以上设问，寻找发明思路，进行设计构思，从而做出新的发明项目。

案例阅读

候机厅的小卖店

某航空公司在机场候机室二楼设小卖部，候机厅每天人来人往，可奇怪的是，小店自开张之日起便一直门庭冷落。公司经理用“5W2H法”进行了问题筛查，最后发现问题出在Who（谁）、Where（地点）及When（时间）三方面。

（1）Who（谁），谁是顾客？机场小卖部在开设时便确定目标顾客是入境的旅客，但是这些旅客不需要上二楼。在二楼停留的大部分是送客或接客的人，他们完全可以在市内商场里购物，不必到机场小卖部来买东西。

（2）Where（地点），小卖部设置在何处？原来旅客出入境的路线都是经海关检查后，直接从一楼左侧走了，根本不需要走二楼。小卖部的位置没有设在旅客的必经之路上。

（3）When（时间），何时购物？入境的旅客不上二楼，那么出境的旅客便成了潜在顾客，但是他们也只有在办完行李托运等相关手续后才有时间和精力去小卖店，而机场却规定旅客登机前才能将行李办理托运，这样出境的旅客根本没有时间光顾小店。

由此可见，小卖部生意不佳的原因有三：未能留住目标顾客和潜在顾客；小卖部的位置偏离了旅客的必经之路；旅客没有购物时间。

针对这三点，经理与航空公司协商，调整了旅客行李托运时间和旅客出入境路线，从而保证了充足的客源，小卖部生意日益红火起来。

资料来源：道客巴巴

四、组合创造法

组合创造法

组合创造法是指从两种或两种以上实物或产品中根据原理、材料、工艺、方法、产品、零部件等不同的属性抽取合适的技术要素，进行重新组合，从而获得新的产品、新的材料、新的工艺的方法。它包括以下几种类型：

1．主体附加法

主体附加就是在某种产品上附加一种新的成分，使主体产品的功能或性能略有拓宽，能给消费者在购买主体产品的同时获得锦上添花式的附加利益。例如，穿上衣服的玩具娃娃、带指南针的手表（见图 2-1）、带温度计的奶瓶（见图 2-2）、带照相机的手机等。

图 2-1　带指南针的手表

图 2-2　带温度计的奶瓶

2．同类组合法

同类组合法是指两个或两个以上相同或相似事物进行简单叠合的方法。在同类组合中，参与组合的对象与组合前相比，其基本性能和基本结构一般没有什么根本性的变化。例如，多头铅笔（见图 2-3）、自行婴儿车（见图 2-4）等。

图 2-3　多头铅笔

图 2-4　自行婴儿车

3．异类组合法

异类组合法是指来自不同领域的两种或两种以上不同类事物进行叠合的方法。在异类组合中，被组合的因子来自不同的方面，各因子彼此间一般没有明显的主次之分，参与组合的因子可以从意义、原则、构造、成分、功能等任意一方面或多方面互相进行渗透，从而使组合后的整体发生变化。例如，可视电话将可视屏幕和电话有机组合再创造。

一个垃圾桶的成长之路

案例阅读

一组组合而成的实物

我们看一下下列这些组合实例。

（1）牙膏+中医药——药物牙膏

（2）电话+电视机——可视电话

（3）手枪+消音器——无声手枪

（4）毛毯+电阻丝——电热毯

（5）台秤+电子计算机——电子秤

（6）飞机+飞机库+军舰——航空母舰

（7）收音机+盒式录音机+激光唱片——组合音响

（8）洗衣机+脱水机+干燥机——全自动洗脱干组合洗衣机

（9）自行车+电机+蓄电池——电动自行车

（10）照相机+电子调焦调光机——傻瓜照相机

五、分析列举法

分析列举法是通过分析，尽可能全面地排列出一件事物的相关内容，尽可能做到事无巨细、全面无遗，有助于形成多种构思方案。分析列举法具体包括特性列举法、缺点列举法、希望点列举法和成对列举法。

1. 特性列举法

运用该技法首先要把研究对象的主要属性逐一列出，通过进行详细分析，然后探讨能否进行改革或创新。特性列举法在运用中要对创新对象的全部特性进行列举，列举得越全面越详细，越容易找到创新和改进的方面。要着手解决的问题越小，越容易获得创新的成功。

特性列举法的步骤如下：

第一，将分析对象的特性尽可能详细地列出，对象要具体、明确。

第二，从名词特性、形容词特性和动词特性三个方面进行列举。名词特性指的是对象的整体、部分、材质和制作方法等，形容词特性是指对象的形状、性质、颜色等，动词特性则是指对象的效用和功能等。

第三，在上述各项目下尽量尝试各种可替代的属性进行置换，以产生新的设想和方案。

第四，提出新的方案并进行讨论评价，努力按照实际需要进行改进。

2. 缺点列举法

缺点列举法也是常用的一项创新技法，是抓住事物的缺点进行分析，以确定发明目的的创新技法。

缺点列举法的具体步骤如下：

第一，尽量列举事物的缺点，需要时可事先广泛调查研究，征集意见。

第二，将缺点加以归类整理。

第三，针对所列缺点逐条分析，研究其改进方案或能否缺点逆用、化弊为利。

3. 希望点列举法

希望点列举法是通过提出来的种种希望，经过归纳确定发明目标的方法。例如，人们希望像鸟一样飞上天，于是就发明了气球、飞机；人们希望冬暖夏凉，就发明了空调设备；人们希望打电话时能看到对方的形象，就发明了可视电话；人们希望夜间上下楼梯时，路灯能自动亮，自动灭，于是就发明了光声控开关。这都是根据人民的希望和需求创造出来的。

希望点列举法的具体步骤与缺点列举法基本相似，不再一一赘述。

4. 成对列举法

成对列举法是把任意选择的两个事项结合起来，成对列举其特征，或者把某一范围内的事物一一列举，依次成对组合，从中寻求创新设想。

成对列举法的具体实施步骤如下：

第一，列举，把某一范围内所能想到的所有事项依次列举出来。

第二，强迫联想，任意地选择其中两项依次组合起来，想象这种组合的意义。

第三，对所有的组合作分析筛选。例如，要设计新式多功能家具，可以先列举各种家具及室内用具：床、箱子、桌子、沙发、椅子、茶几、书架、台灯、衣柜、衣架、镜子、花盆架、电视、音响等。然后，两两配对组合：床和沙发、灯和衣架、桌子与书架、床和箱子、床和灯、镜子与柜子、电视与花盆、音响和台灯等。最后对所有方案进行分析，发现许多方案均可发明出新式家具，有些方案事实上已经成为产品，如床和沙发组合成的沙发床、镜子和柜子组合成的带穿衣镜的柜子、床和箱子组合成的床底可兼做储物柜的组合床等。

一、头脑风暴法练习

针对“如何改善城市拥堵的交通状况”和“如何改变城市空气污染”这两个社会问题，

运用头脑风暴法激发学生思考。

（1）教师将学生分组，每3～5人一组，选出一个小组记录员。

（2）教师提出问题并留给学生5分钟左右的时间思考，让学生在放松的状态下思考、准备。

（3）每小组成员畅所欲言，然后各组派代表汇报结果。

（4）在规定时间内，提出设想最多的小组获胜。

二、奥斯本检核表法练习

利用奥斯本检核表法，构思出智能手机的创新思路，填入表2-3中。

表2-3　智能手机的创新思路

序号	检核类别	引出的发明
1	能否他用	
2	能否借用	
3	能否扩大	
4	能否缩小	
5	能否改变	
6	能否代用	
7	能否调整	
8	能否颠倒	
9	能否组合	

三、“5W2H”分析法练习

中国的快餐业起步较晚，自1987年4月肯德基快餐连锁店在中国落户，现代快餐的概念才引入到中国。在短短10年里，中国快餐业呈现出传统与现代、中式与西式、高档与低档快餐竞争与并存的市场格局。目前，中国快餐业的发展尚处于初创阶段，还处于借鉴、模仿和积累阶段，没有形成体系和规模。与西式快餐在支持性设施、辅助物品、服务等方面存在显著差异。

请同学们用“5W2H”分析法对“中国快餐”行业进行分析，提出快餐行业发展的合理化建议。

四、组合创造法练习

1．组合游戏题

组合不同领域的物体，你可组合成哪些有意义、有价值的东西？

卧室	自动化
床	运送装置
睡觉的地方	移动
窗帘	加热器
位于浴室附近	不同颜色
让人有安全感	自动门锁

2．动态组合思考题

从洞里怎么掏铁球

有一棵长在沙丘旁边的大树，树的根部有一个1米深的、碗口大的洞。有一天，几个小孩在树下玩铁球，一不留神，铁球掉进了洞里。小孩们只有一根1米长的木棍，此外再也没有其他可以利用的工具。

请问：用什么办法，如何通过动态的组合把掉进洞里的铁球掏出来？（要求答案简洁）

五、分析列举法练习

现在有一把旧的长柄弯把雨伞，请你根据缺点列举法的原理，提出改进方案（至少4种）。老旧雨伞的缺点如下：

（1）太长，不便于携带；

（2）把手太大，在拥挤的地方会钩住别人的口袋；

（3）撑开和收拢不方便；

（4）伞尖容易伤人；

（5）重，长时间打伞手臂酸疼；

（6）伞面遮挡视线，容易发生事故；

（7）伞面淋湿后，不易放置；

（8）抗风能力差，刮大风时会向上开口成喇叭形；

（9）骑自行车时打伞容易出事故。

第三章

创业与人生发展

自我思考：

创业就是挖掘自身潜力、整合周围资源、体现自身价值的过程。创业能使一个人的人生更加精彩。然而，创业并非一件容易的事情，在创业过程中，考验的是创业者的综合素质和创业精神。

请同学们想一下，你想过创业吗？你的创业动机是什么？你认为成功的创业者应具备哪些创业能力？你具备这些能力吗？

开篇故事

放弃安稳工作只为成就创业梦想

丁某是一名高职生，也曾是忙忙碌碌的上班族，可她却并没有就此平凡下去；她家境殷实，衣食无忧，但她为了梦想走上了创业的道路。如今，她开办的跆拳道馆红红火火，变成许多跆拳道爱好者商讨技艺的好去处。

丁某上学时就酷爱跆拳道，结业后留在银川一家跆拳道馆担任主教练。2010 年 6 月，丁某参与中韩跆拳道沟通赛，取得女子 58 kg 第一名、成人组品势第一名，由此也得到宁夏第一个跆拳道“双冠王”的头衔。2011 年，她离开银川回到吴忠工作。

第一份工作是在宁夏高速公路管理局。每月拿着固定的工资，日子过得舒服安稳，按理说，她该知足了。可那里并不是丁某这个有着创业梦想的女孩想待的地方，所以她辞职了。辞职后，丁某在吴忠第三建筑公司项目部担任资料员。但是，这种波澜不惊的生活依然不是她想要的，她再三问自己到底想要啥？在上职高时，她就想开一家跆拳道馆。也恰是由于这个主意，她结业后担任了几年的跆拳道教练，还取得了许多荣誉。经过深思熟虑，她决定辞职开一家跆拳道馆。

丁某说：“刚开始创业的时候，爸爸妈妈不同意。他们一向期望自己的女儿有份安稳的工作，不用每天风风雨雨在外奔走。但是不管怎样，自己算是挺过来了，如今爸爸妈妈也理解我了。”

谈起创业前期的艰难，丁某皱了一下眉头说：“刚开始我想找一个比较大的场所，谁知道房钱都谈好了，人家又反悔了。以后看上的场所租金又高得离谱。我不想依托爸爸妈妈，仅靠自个那点积蓄和不多的借款要做许多的工作，既要装饰场所，又要置办设备，还要做宣传等，那时，觉得创业真的好难。”在创业前期的摸爬滚打中，丁某最大的收获是知道了怎样与人沟通，明白了只需坚持全部艰难都可以克服的道理，这些都为她后来的成功奠定了基础。

如今，丁某的跆拳道馆里已经有 30 多名学员，而这仅仅是她创业的第一步。丁某送给想要创业的青年学生们一句话：不要去想创业有多难，选准方针、坚定信心，多听、多看、多想、多学，成功就一定在不远处等你！

有人创业是为了生存，有人创业是为了谋求发展，而有人创业则是为了成就事业。案例中的丁某就是为成就事业而创业。她为了梦想放弃了稳定的工作，并能坚持不懈，克服各种困难，取得创业成功。

资料来源：新华网

第一节 创收、创造与创业

- 掌握创收、创造与创业的内涵。
- 能区分创收、创造与创业的关系。

1. 世界上所有美好的事物都是创造力的果实。

——米尔

2. 毕业只是人生的开始，更美好的人生征程才开始，我想独自开始在世界闯荡，我坚信一定能够创造奇迹。

——朱少柳

创收是创业者追求的目标之一，是支撑企业运营的经济基础。创造是创业的活力之源，没有创造的创业活动，难以在激烈的市场竞争中取得优势地位。在进行下面的学习之前，请同学们思考以下问题：

（1）创收、创造与创业的关系是什么？

（2）创造在创业过程中起着什么作用？

知识链接

人生的发展是一个由低级到高级的历程，创业作为一项复杂的组织活动，也是一个包含各个要素、由低到高、有机组合的系统工程。

一、创收的内涵

创收从狭义角度来讲是指创造收入。它是指一个人为满足自己经济上的客观需求，运用所掌握的资源，去创造相应收入的过程。但此过程具有较低级属性，仅仅是为了解决经济需求而进行的活动，并不强调创造，也谈不上是创业。

二、创造的内涵

创造是人类特有的一种活动。它是指一个人或一个团体运用相关知识、结合实践经验所作出的以前没有的东西，它的范围较为广泛，可以是实物、产品、工艺，也可以是思维、理论或者制度。创造是创业的活力之源。

三、创业的内涵

创业是指一个人或团体进行的较高层次的社会活动，它具有创收的最基本动力，但又绝不仅仅限于创收，创业是一个较为复杂的系统工程，它要求创业者具有创收的原始动力、创造的心智支撑、团队的协作精神、创新的发散思维，更要具备资源配置、方案解决的应用能力。创业的成功与否，必须天时、地利、人和同时具备，缺一不可。

四、创收、创造和创业的关系

创收、创造和创业三者既紧密结合，又各有区别。创收是创业的原始动力，创造是创业的活力之源，创业是各要素具备的高层次的行为活动。只有充分调动各方面要素，合理配置、科学运行，才能获得创业成功，对个人也是一种锻炼，对人生更是一种美丽的经历。

一、小组讨论

有人说，创业就是为了获得收入。有人说，做任何想做的事情就是创业。也有人说，创业就是一种放弃，放弃按部就班，放弃一丝不变，放弃委曲求全为了别人而活；创业更是一种选择，选择不同寻常，选择不断求变，选择让自由的灵魂活得更加精彩。还有人说，真正的“创业”应该是着重于创造性而非简单地重复别人做过的事情。

请同学们 4～6 人一组，讨论上述观点是否恰当。

评分标准：① 积极参与讨论（25 分）；② 能理解创收、创造与创业的关系（25 分）；③ 能够大胆表达自己的想法（25 分）；④ 语言表达流畅（25 分）。

二、创业体验

旧物营销

活动目的：

让学生在活动中体会创收、创造和创业的关系。

活动内容：

（1）每位学生搜集自己不打算继续使用的旧物品（如日常用品、服装、书籍等），每天利用中午与下午课余时间各一小时在校园内自行选择人流密集的地方进行物品销售。记录自己的销售成果，体会创收的乐趣。

（2）分析旧物销售能否成为创业项目。若可行，可 3～5 人一组，进行创业实验。

（3）利用头脑风暴发思考，除了既有的营销方式外，还能创造性地想出其他营销方式吗？

说明：活动内容不局限于旧物销售，可以是其他的商品或服务。

活动检测：

活动结束后，教师可根据表 3-1 进行评分。

表 3-1　活动评价表

评分标准	满分	实际得分	备注
能积极参与活动实施	20		
能够实现有效销售	20		
创业机会分析过程准确无误	20		
提出的营销方式有创造性	20		
其他	20		
总　分	100		

第二节　创业意识与创业动机

- 掌握创业意识的概念和内容。
- 掌握创业动机的概念。
- 了解创业动机的分类。

➢ 能说出不同创业者的创业动机。

➢ 能有意识地培养自己的创业意识，知道如何激发自己的创业动机。

名人语录

创业是一种人生，是一种态度，是一种经历，是一种精神。只要你有了这样一种精神，在任何环境条件状况下，通过众多可能的形式或方式，你总能在这个世界上闯出一片展现你独特个性、人格、能力和魅力的新事物、新空间和新天地。

——中国就业促进会副会长　陈宇

问题导入

当今社会，随着科学技术的进步和劳动生产率的提高，经济增长对就业的吸纳能力将会不断下降，就业形势越来越严峻。鼓励学生自主创业，既能解决自身就业难的问题，还能为社会拓宽就业渠道。因此，大学生应强化创业意识，激发创业动机，主动适应社会发展的需要。在进行下面的学习之前，请同学们思考以下问题：

（1）你曾想过自己创业吗？

（2）你创业的动机是什么？

知识链接

一、创业意识

（一）创业意识的概念

创业意识是指人们从事创业活动的强大内驱动力，是创业思维和创业行为的前提。创业意识激励着人以某种方式进行活动，向自己提出的目标前进，并力图达到和实现这一目标。

（二）创业意识的内容

创业意识包含以下五个方面的内容：

1．商机意识

创业者在创业之前、创业中和创业后，始终面临着识别商机、发现市场机会的考验。他必须有足够的市场敏锐度，可以宏观地审视经济环境，洞察未来市场形势的走向，以便作出正确的决策来保证企业的持续发展。

2. 转化意识

创业者仅有商机意识是不够的，还要在机会来临时抓住它，也就是把握机会，把商机转化成实实在在的收入和公司的持续运作，最终实现自己的创业梦想。转化意识就是把商机、机会等转化为生产力；把才能、知识转化为智力资本、人际关系资本和营销资本。

3. 战略意识

创业初期给自己制定一个合理的创业计划，解决如何进入市场，如何卖出产品等基本问题。创业中期需要制定整合市场、产品、人力方面的创业策略，转换创业初期战略。需要指出的是，创业战略不只有一种，也没有绝对的好坏之分，关键要适合自己的创业之路。在这条路上应时刻保持着战略的高度，不以朝夕得失论成败。

4. 风险意识

创业者要认真分析自己在创业过程中可能会遇到的风险，一旦这些风险出现，要懂得应该如何应对和化解。大学生是否具备风险意识和规避风险的能力，将直接影响到创业的成败。

5. 勤奋/敬业意识

大学生创业，一定要务实，要勤奋，不能光停留在理论研究上。可以从小投资开始，逐步积累经验，不能只想着一口吃个胖子。没有资金，没有人脉都不要紧，关键你要有好的思路和想法，有勇气去迈出第一步，才会成功。

二、创业动机

1. 创业动机的概念

创业动机是指创业者由于个体内在或外在的需要，而在创业时所表现出来的目标或愿景。创业动机常常决定着创业者的行业选择、目标定位等具体取向，内源于个体的心智与教育成长环境，是个体在综合自我、环境、价值、目标、期望等诸多因素之后所形成的内在的、个人的初始动力，是创业的开始和最基本的驱动力。

2. 创业动机的分类

根据需求层次理论，可将创业动机分为以下五类：

- 生存需要：生存是人类的第一需要。人们在失去就业机会的情况下，为了谋生，会选择自己创业。下岗工人、失去土地或因种种原因不愿在家务农的农民，以及刚刚毕业找不到合适工作的青年学生，都属于这类创业者。他们占中国创业者总数的绝大部分。
- 谋求发展的需要：当人们的生活有了基本保障之后，就会谋求进一步的发展，并为此而走上创业之路。
- 获得独立的需要：有一些人不愿意替别人干活而喜欢自己当老板，自己选择商业伙伴和确定业务内容，自己决定工作时间、薪水和休假。因此，这类人不愿意到企业就业，而自愿走上自主创业之路。目的就是通过创业使自己获得更大的独立和自由。

- 赢得尊重的需要：有的人放弃高薪而去创业，是为了过一种更加受人尊重的生活，用自己的能力去打拼属于自己的自由王国。
- 实现人生价值的需要：任何社会都有一些具有崇高思想境界的人，这种人以改造社会，造福人类为己任，把对社会的贡献作为实现自我人生价值的目标。他们在对自己所在地的就业和职业前景进行估量后，有意识地决定走创业之路。“穷则独善其身，达则兼济天下”，正是这些人的心理特征，这种创业者就属于较高思想境界的人。

三、创业意识和创业动机的培养

1. 树立创业意识

虽然很多青年学生在校期间已开始思索人生的意义，有的人产生了毕业后当老板的创业意识，但这种意识是相当薄弱的，而且大多数学生可能认为创业离自己很遥远，从没有想过要自己创业。因此，我们必须通过正规的以课堂形式为主的创业教育帮助大多数学生树立创业意识，激发他们的创业动机。

2. 激发创业需要

当前学生创业的主导需要是满足生存和安全的需要，现有的创业者多是被动创业，因找工作困难、迫于生活的压力不得不自谋生路，这种创业的积极性不高，创业成功的概率较低。要激发学生的创业动机，应注重培养学生的成就动机。具体来说，可以从以下途径培养：

（1）在校内举行较简单的模拟创业活动，举办创业设计大赛等活动，让学生在活动中获得成功的体验，从而获得创业的信心和成就感。

（2）邀请成功人士来学校为学生做讲座，或通过报纸广播等媒介向学生宣传创业的成功案例，通过熟悉他人的创业过程，激发学生的创业动机。

3. 营造有利的创业环境

营造有利的创业环境以减少青年学生创业过程中的阻力。首先，高校应开设专门的创业教育课加强学生的创业教育；通过多种媒介传播有关创业的信息，营造创业的良好氛围；建立创业指导部门，配备专业的指导老师，切实做好青年学生创业的扶持工作。

其次，政府为青年学生的创业提供政策支持。维护公平公正的市场秩序，为学生创业营造良好的市场环境。

再次，社会应包容青年学生的创业行为。对于青年学生的创业行为给予鼓励与支持，对于失败者予以宽容与保护，国家的媒体机构应在这方面发挥应有的引导作用。

总之，高校、政府、社会应重视学生创业教育工作，通过各方努力和通力合作，培养学生的创业动机，鼓励创业行为，切实调动学生的创业积极性，使更多的学生投身到创业活动中来。

拓展训练

一、案例分析

史蒂夫·乔布斯是苹果公司联合创办人，先后领导和推出了麦金塔计算机（Macintosh）、iMac、iPod、iPhone、iPad 等风靡全球的电子产品，深刻地改变了现代通讯、娱乐乃至人们的生活方式。

1997 年苹果推出 iMac，创新的外壳颜色透明设计使得产品大卖。

2000 年乔布斯先后开发出 iTunes 和 iPod，同时也开始在黄金地段开设专卖店并大获成功。随后 Apple TV 和 iTunes Store 等一系列产品受到了市场的好评和认可。

2007 年 6 月 29 日，苹果公司又推出自有设计的 iPhone 手机，使用 iOS 系统，随后发布新一代 iPhone 3G 以及 iPhone 3GS，2010 年 6 月 8 日又发布第四代产品 iPhone 4，每次上市都引得了世界极大的疯狂和销售热潮。

除了 iPhone 系列之外，发布使用 iOS 系统的 iPad 平板电脑，这一起先不被众人看好的产品，最后获得了巨大的成功。

思考：

（1）试问你对苹果公司推出 iPhone 系列新品时均未在我国同步发售策略有何感想？

（2）结合所学知识，分析什么样的创业动机是正确的？什么样的创业动机是不正确的？

二、创业访谈

创业人物生涯访谈

活动目的：

通过创业访谈，使学生了解不同创业人物的创业动机，感受创业动机在创业过程中的重要作用。

活动内容：

以小组为单位进行创业人物生涯访谈。具体操作步骤如下：① 3～5 人一组，每组选出一个负责人；② 自行确定访谈对象 2～3 人；③ 拟定访谈提纲，内容包括创业者的教育背景、成长环境、创业动机、创业历程、创业心得等；④ 访谈结束后，每组撰写一份访谈报告，分析他们的创业动机、创业成功的因素及从他们身上获得的启发。⑤ 将报告内容制作成 PPT，在课堂上以小组为单位进行交流汇报，每组时间为 10 分钟。

活动检测：

活动结束后，教师可根据表 3-2 进行评分。

表 3-2　探索活动评价表

评分标准	满分	实际得分	备注
积极参与访谈活动	20		
按要求实施了访谈	20		
访谈报告内容详尽、分析正确	20		
PPT 制作精美	20		
其他	20		
总　分	100		

第三节　创业精神与创业能力

- 掌握创业精神的本质。
- 了解创业精神的作用。
- 掌握创业精神的培育方法。
- 掌握创业能力的内容，并掌握形成这些能力的方法。
- 在学习和生活中有意识地培育自己的创业精神和创业能力。

企业发展就是要发展一批狼。狼有三大特性：一是敏锐的嗅觉；二是不屈不挠、奋不顾身的进攻精神；三是群体奋斗的意识。

——华为技术有限公司创始人

创业精神是一种内在的动力机制。它支配着人们对创业实践活动的态度和行为，并影响着态度和行为的方向及强度。创业能力是决定创业成败的首要关键因素。一个成功的创业者必须具备创新能力、学习能力、合作能力、经营管理能力、分析决策能力和人际交

往能力。在进行下面的学习之前，请同学们思考以下问题：

（1）说说创业精神在创业中的重要作用？

（2）你认为你自己具备六种创业能力吗？你应该如何培养自己的创业能力？

一、创业精神

创业精神既是创业的源泉和动力，也是创业的支柱。没有创业精神，就不会有创业行动，创业也就无从谈起；即使有创业，也往往是浅尝辄止、半途而废。因此，创业精神对创业来说至关重要。

（一）创业精神的本质

创业精神是创业者在创业过程中的重要行为特征的高度凝练，主要表现为勇于创新、敢担当、甘冒风险、团结合作、坚持不懈、诚信等。

1．创新是创业精神的灵魂

创业精神的灵魂是创新，就是将新的理念和设想通过新的产品、新的流程、新的市场需求，以及新的服务方式有效地融入市场中，进而创造出新的价值或财富的过程。缺乏创新，就不会有新企业的诞生和小企业的成长壮大。

2．冒险是创业精神的天性

没有甘冒风险和勇担风险的魅力，就不能成为创业者。中外无数创业者虽然成长环境、成长背景和创业机缘各不相同，但无一例外都是在条件极不成熟和外部环境极不明晰的情况下，敢为人先，勇于做“第一个吃螃蟹的人”。

3．合作是创业精神的精髓

社会发展到今天，行业分工越来越细，没有谁能一个人完成创业所需要完成的所有事情。真正的创业者都是善于合作的，而且还能将这种合作精神扩展到企业的每个员工。面临困境时，团队成员能团结一心，“心往一处想，劲往一处使”。

4．执著是创业精神的本质

创业的道路是坎坷的，选择了创业就是选择了面对更多困难、迎接更多挑战。而创业精神就体现在战胜困难与挑战的过程中。因此，创业者必须坚持不懈，只有知难而进，在战胜困难中学会成长，才能抓住属于自己的机会。

5．诚信是创业精神的家园

诚信就是“诚实无欺，信守诺言，言行相符，表里如一”。诚信不仅是为人处世的基本准则，更是经商之魂。在创业经商过程中，诚信是第一品质，是创业者的“金质名片”，也是参与各种商业活动的最佳竞争利器。

（二）创业精神的作用

创业精神能够激发人们进行创业实践的欲望，是一种内在的动力机制。它在很大程度上决定着一个人是否敢于投身创业实践活动，支配着人们对创业实践活动的态度和行为，并影响着态度和行为的方向及强度。

具体来讲，创业精神可渗透到三个领域产生作用：一是个人成就的取得，即个人如何创建自己的企业；二是大企业的成长，也就是大企业如何使其整个组织都重新焕发创业精神，创造更高速的成长，从而具有更强的竞争力；三是国家的发展，也就是如何实施创新驱动发展战略、全面建成小康社会，使国家更富强、人民更幸福、社会更和谐。

创业精神能够帮助个人、企业乃至整个国家或地区，在面对错综复杂的竞争环境时走向成功和繁荣。当前，世界产业结构正在发生转变，创业精神有利于我国加快经济发展方式，促进经济持续健康发展。

（三）创业精神的培育

培育创业精神，通常从培育创业人格、培养创新能力和强化创业实践等方面进行。

1. 培育创业人格

个性特征对创业者个人来说非常重要，尤其是独立性、坚持性、敢为性等，所以，人格塑造与创业精神培育相辅相成。大学生要树立心理健康意识，提高心理素质，增强适应能力，自觉培养坚忍不拔的意志品质和艰苦奋斗的精神。此外，还可以通过创业案例剖析创业者的人格特征等，掌握形成良好的心理素质与人格特征的途径和方法。

2. 培养创新能力

创新是创业精神的核心。大学生要通过保持个性发展和好奇心、求知欲，勇于突破前人、突破书本、突破难题，自觉培养科学精神，训练创新思维，提高创新能力。

3. 强化创业实践

“纸上谈来终觉浅，绝知此事要躬行。”大学生应该利用课余时间参加一定的创业模拟和社会实践活动，增强对企业的了解和对社会的认知。通过在校内外参加创业竞赛活动和实习见习等，在实践中磨炼自己，培育创业精神。

二、创业能力

在现代社会，竞争日趋激烈，创业者能否在竞争中占据优势、成功创业，主要取决于

他所拥有的或者能够运用的各种能力。创业者应具备以下几种能力。

1. 创新能力

创新能力是白手起家的创业者的生命源泉。创新不仅仅是从无到有地创造某种产品或服务，更多的情况是在以往的基础上对原有产品和方式方法的改进。创业者的创新能力往往体现在技术、管理和营销上的创新。从某种意义上来讲，创新能力就是不断反思追问的能力。创业本身就是一项创新活动，很多未知的或不可预料的因素掺杂其间。创业就是开创一项事业，没有一种可以复制的模式让我们一劳永逸。一个新的管理理念或是新开发的产品，往往会给创业者带来惊人的回报。

2. 学习能力

面对日益复杂的市场竞争与合作关系、日新月异的科学技术手段、不断更新的管理理念及各种管理手段，创业者只有不断学习才能应对时代潮流的冲击与要求。学习能力主要包括制定学习目标和计划的能力、阅读能力、分析归纳能力、信息检索能力等。创业者培养良好的学习能力应注意以下几点：

一是心态归零，吐故纳新。不囿于已取得的成绩和能力，从零开始，保持对环境变化的敏感度，不断学习新知识。

二是精益求精，学有所长。对于创业者而言，学到的知识越多，其能力就越强。但是人的精力是有限的，“门门精通”往往会变成“门门不通”。创业者应该学会选择，在某些领域要精益求精，具备一技之长；在某些领域则可涉猎粗通。

三是开阔视野，终身学习。学习能力的表现之一就是善于发现学习的榜样，学其长处，补己短板。如果仅仅局限在一个小的范围内，视野得不到开阔，就会变成井底之蛙，丧失学习的动力和能力。只有走出去，不断接触新事物和新观点，才能不断地找到自身的差距。社会的发展越来越看重能力，创业者不能因为获得了大学文凭就停止学习，而是要树立终身学习的理念。

3. 合作能力

创业者之所以需要与他人合作，首先源于个人的能力有限，同时也因为个人的能力与他人具有互补性。创业者要想与他人合作并有所作为，首先要做到知己，要清楚自己的性格类型、素质特点、能力专长，选定一个适合自己的工作目标；其次要注意分析别人的特点，找到互补性和差异性，只有这样才能真正找到合作伙伴，并与其一道为共同的创业理想携手合作。

在创业过程中，与伙伴合作要注意以下两个方面：一是平等合作，与合作伙伴在人格上是完全平等的，是为了一个共同的目标走到一起的；二是互利合作，合作者之间的互惠互助是合作者为了某些共同目标和利益追求，在一定基础上进行的物质和精神的相互配合协作。

4. 经营管理能力

经营管理能力是指对人员、资金的管理能力，包括人员的选择、使用、组合和优化，也包括资金的聚集、核算、分配、使用、流动。经营管理能力在较高层次上决定了创业实践活动的效率和成败。创业者培养经营管理能力要从学会经营、学会管理、学会用人、学会理财等方面去努力。

创业者一旦确定了创业目标，就要组织实施，为了在激烈的市场竞争中取得优势，必须学会经营，学会质量管理，坚持效益最佳原则。要敢于对企业、员工、消费者负责，保持高度的社会责任感；还要学会用人，善于吸纳德才兼备、志同道合者，以及比自己强或有专长的人共同创业。

5. 分析决策能力

分析决策能力具体包括分析能力和决策能力两个方面。只有在进行深刻的科学分析的基础上，才能做出正确的创业决定。分析能力主要有三点：一是要做有心人，平时多进行市场调查，在调查的基础上进行决策；二是要养成多思考的习惯，对可能出现的结果进行分析，同时准备好应对措施；三是要向同行学习，集思广益。决策能力是各种综合能力的体现，主要包括选择最佳方案的决策能力、风险决策能力、当机立断的决策魄力等。

6. 人际交往能力

人际交往能力是创业者发展和巩固其人脉资源的重要保障。人际交往能力主要表现在表达能力和反应能力两个方面。表达能力是充分、有效地将自己的观点阐释给对方的能力。充分有效的表达能够使大家领悟企业目标和工作对策，从而更加有效地为完成共同的目标而努力。反应能力是表达能力的有效补充，良好的反应能力能够帮助表达者随时领会和把握表达对象的需求和对表达内容的理解，有效调整表达的方式和内容。

一、游戏体验

沙漠求生

活动目的：

通过游戏体验，培养学生的决策能力，帮助学生理解个体决策与群体决策各自的优劣。

活动内容：

有一架飞机在沙漠中发生意外，你和一部分生还者面临生死存亡的选择。

事件背景 1：

事发在当天上午 10 点，飞机要在位于美国西南部的沙漠紧急着陆；着陆时，机师和副机师意外身亡，余下你和一群人幸运地没有受伤。

事件背景 2：

出事前，机师无法通知任何人有关飞机的位置；不过从指示器知道距离起飞的城市 120 千米；而距离最近的城镇，是西北偏北 100 千米，该处有个矿场。

事件背景 3：

该处除仙人掌外，全是荒芜的沙漠，地势平坦。失事前，天气报告气温达摄氏 42℃。

事件背景 4：

你穿着简便：短袖恤衫、长裤、短袜和皮鞋；口袋中有十多元的硬币、五百多元纸币、香烟一包、打火机和圆珠笔各一支。

为了求生，你们可以选取表中 15 种物品带离飞机（见表 3-3）。你要假设所有人的生存要依靠选取的物品。

步骤：

（1）老师将学生进行分组，每 7 人为一组。

（2）不允许讨论，每个人以个人的意见，排列 15 件物品的先后顺序（最重要的排在前面）。

（3）全组每个人都选好以后，再进行小组讨论，列出全组应取物品的先后顺序。

（4）当小组完成后，老师把专家的意见发给每个小组。小组成员依据专家意见累计出小组得分。

（5）老师把每组的分数情况记录在白板上。

（6）讨论。

① 你所在的小组是以什么方式达成共识的。

② 你的小组是否有出现意见垄断的情况？为什么？

③ 你对团队的工作方法是否有更进一步的认识。

表 3-3 “沙漠求生”工作表

物品名称	个人排序	小组排序	分数
手电筒（4 个电池大小）			
大折刀			
当地航空图			
塑料雨衣			
磁石指南针			
薄纱布 1 箱			
0.45 口径手枪（装有弹药）			
降落伞（红色和白色）			
盐片一瓶（1 000 片）			

（续表）

物品名称	个人排序	小组排序	分数
每人 4 公升清水			
书一本，名为《沙漠中可食的动物》			
每人太阳眼镜一副			
伏尔加酒 4 公升			
每人外套一件			
化妆镜 1 面			
总　分			

二、模拟公司

合伙创办小吃店

活动目的：

通过创业模拟使学生在活动中体会创新、合作、执著在创业过程中的重要作用，培养学生的决策能力、创新能力、经营管理力能和人际交往能力。

活动内容：

以五个同学为一个创业团队，模拟合伙开一个小吃店。另外，留下三个同学，一个模拟房东，另外两个模拟客人，给各创业团队的小吃店打分。小吃店启动资金为 20 000 元。其中，房租在 3 000 元～5 000 元之间；店铺装修和设备费在 5 000 元～10 000 元之间；其他为现金储备。具体活动流程如下。

（1）各小组内部协商，确定组织架构和分工，包括店长、厨师、采购员、服务员等。

（2）各小组排出人员与房东谈判，以最低的房租租下店铺。

（3）各小组内部协商，确定经营的项目、店铺装修方式和营销策略等（要有特色，有创意）。

（4）将以上第 2，3 条的结果记录在纸上。

（5）模拟客人的同学到各小组查看，并根据表 3-4 为各小组打分。

表 3-4　活动评价表

评分标准	满分	实际得分	备注
人员分工是否合理	20		
房租（房租越少分越高）	20		
经营项目的创意效果	20		
店铺装修的创意效果	20		
营销策略的创意效果	20		
总　分	100		

三、创业能力测评

测评说明：

（1）无论是刚从学校毕业进入就业市场的年轻人，还是在社会上经历了多年的上班族，许多人都希望拥有一份属于自己的事业。然而，并非每个人都具有创业潜力，下面的测试可帮助你了解自己是否适合创业？这个测试结果仅供参考。

（2）请根据实际情况选择“是”或“否”。在选择时，一定要根据第一印象回答，不要做过多的思考。

测评题：

1. 你是否曾经为了某个理想而设下两年以上的长期计划，并且按计划进行直到完成？

2. 在学校和家庭生活中，你是否能在没有父母及师长的督促下，就可以自动地完成分派的工作？

3. 你是否喜欢独自完成自己的工作，并且做得很好？

4. 当你与朋友在一起时，你的朋友是否能常寻求你的指导和建议？你是否曾被推举为领导者？

5. 求学时期，你有没有赚钱的经验？你喜欢储蓄吗？

6. 你是否能够专注地投入个人兴趣连续10个小时以上？

7. 你是否有习惯保存重要资料，并且井井有条地整理，以备需要时可以随时提取查阅？

8. 在平时生活中，你是否热衷于社会服务工作？你关心别人的需要吗？

9. 你是否喜欢音乐、艺术、体育以及各种活动课程？

10. 在求学期间，你是否曾经带动同学，完成一项由你领导的大型活动，比如运动会、歌唱比赛等？

11. 你喜欢在竞争中生存吗？

12. 当你为别人工作时，发现其管理方式不当，你是否会想出适当的管理方式并建议改进？

13. 当你需要别人帮助时，是否能充满自信地要求，并且能说服别人来帮助你？

14. 你在募捐或义卖时，是不是充满自信而不害羞？

15. 当你要完成一项重要工作时，总是给自己足够的时间仔细完成，而绝不会让时间虚度，在匆忙中草率完成？

16. 参加这重要聚会时，你是否准时赴约？

17. 你是否有能力安排一个恰当的环境，使你在工作时能不受干扰，有效地专心工作？

18. 你交往的朋友中，是否有许多有成就、有智慧、有眼光、有远见、老成稳重的人物？

19．你在工作或学习团体中，被认为是受欢迎的人物吗？

20．你是一个理财高手吗？

21．你是否可以为了赚钱而牺牲个人娱乐？

22．你是否总是独自挑起责任的担子，彻底了解工作目标并认真完成工作？

23．在工作时，你是否有足够耐心与耐力？

24．你是否能在很短时间内，结交许多新朋友？

测评标准：

“是”得一分，“否”不记分。统计分数，参照以下答案。（如果分数比较低，可要努力提高分数）

0—5 分：目前不适合自己创业，应当训练自己为别人工作，并学习技术和专业。

6—10 分：需要在旁人指导下创业，才有创业成功的机会。

11—15 分：非常适合自己创业，但是在否的答案中，必须分析出自己的问题加以纠正。

16—20 分：个性中的特质，足以使你从小事业慢慢开始，并从妥善处理中获得经验，成为成功的创业者。

21—24 分：有无限的潜能，只要懂得掌握时机和运气，将会成为优秀的创业者。

第四章

创业机会与创业风险

自我思考：

创业机会与创业风险总是相伴而行的。创业者应尽可能识别创业机会中可能蕴含的风险，并制定相应的风险防范措施，以实现创业机会的价值最大化，从而实现创业目标。

请同学们思考一下，生活中你发现有适合你的创业机会吗？你是如何抉择的呢？你是否想把握住该创业机会？创业者如何识别和防范创业风险？

开篇故事

共享自习室："90后"小伙们发现共享时代新商机

从共享单车到共享汽车，再到共享充电宝，共享经济在市场中已经火了相当长的一段时间。如何在共享经济的浪潮中寻找新的商机？共享自习室现身说法。

发现商机

2019年3月初，郑州大学曾因考研"占座"方式千奇百怪上了微博热搜，用铁链、上私锁、贴恶性标语等手段引发了网友们的热议。事实上，考研占座只是考试复习众生相中的一个缩影。期末考试、专升本考试、公务员考试、教师资格证考试、法考、雅思托福考试等，同样面临着上述问题。想学习却找不到合适的地方，在家学习会有惰性、去图书馆占不到座位、去咖啡馆没有学习氛围，不少人感慨，要是有对社会开放的自习室就好了。

有需求就有市场，2019年下半年，共享自习室悄然出现。而在中国首批运营共享自习室的人正是一群自主创业的大学生。

连开7家连锁店专卖"学习空间"

孙旭光是一名自习室的创办者，他说他在读高中时发现，寒暑假学校不开放，想要学习却没有一个安静的地方。当时他经常和朋友一块合租场所上自习，等到高中毕业后，他考虑到学弟学妹们也会有这样的需求。于是，在2014年，他和同学萌发了合伙创办自习室的想法。

起初在国内鲜有自习室成功运营的案例，孙旭光通过查阅资料发现，这个模式早已在日韩有一定的发展规模，于是，他们一边学习国外经验，一边不断地摸索，最终在老家菏泽开办了一家自习室。为吸引学生，他们在自习室里充当"老师"的角色，给前来学习的学弟学妹们答疑解惑。令孙旭光意料之外的是，首次"吃螃蟹"，他们不仅没有赔，还赚了学费。

上大学期间，因为每到期末考试，学校图书馆和自习教室的座位就变得非常紧张，学生们要起得很早才能占到座，这让孙旭光愈发认识到共享自习室的重要性。于是在毕业后，孙旭光和同学在之前积累的办自习室经验的基础上，又到上海、广州等城市进行调查。最终，在济南创办了第一家共享自习室。

共享自习室划分为"学习区"和"公共休息区"。在"学习区"内，每个座位都被打造成"格子间"样式，小小的空间里配置有插座、台灯、临时储物柜，可谓"麻雀虽小，五脏俱全”。另外，为了保证学习者的舒适与专注，在“学习区”的地面上还铺设了静音地毯，而且所有人在进入该区域前都会被要求将手机调成静音，且在学习区内不允许讨论说话。在“公共休息区”内配备了饮水机、微波炉、共享充电宝及Wi-Fi等设备，以供前来学习的顾客免费使用。

孙旭光称，共享自习室在刚开业时足足有半个月的空置期，他们每天守着空荡荡的房间，一筹未展。后来，他们才意识到没有人过来是因为宣传不到位造成的，很多人并不知道有这么一个自习室。于是，他们开始进行宣传，先在校园里派发了传单，又在微信群里发布了广告。不久后，他们的生意渐渐有了起色。

目前，两人共同创办的共享自习室在济南已经有7家，主要分布在山东建筑大学、济南大学等高校周边。每个自习室都设置了近1 000个座位，满足学生前来学习、备战各类考试的需求。

但受2020年初的疫情影响，共享自习室的资金链一度吃紧，原本计划2月开业的新店，一直拖到4月才开门营业。关门期间没有任何营收，每个月单是房租就要支出7～8万，孙旭光绝望得想过放弃，但他还是咬紧牙关坚持了下来。

共享自习室开放后，陆续有学生过来学习，他们的生意也逐渐有了起色。孙旭光说，也是因为疫情原因，不少高校延迟开学，学生没有读书的地方，就会选择到自习室来。“我们把入座率控制在了50%左右，随后会根据疫情发展态势循序渐进地开放。”

除了为学生提供学习场所外，下一步，孙旭光还把目光锁定到上班族，计划在写字楼附近开分店，服务高端人群，并将触角延伸到更多的城市。

资料来源：搜狐网

第一节 创业机会识别

- 理解创业机会的概念与特征。
- 掌握创业机会的来源。
- 理解影响创业机会识别的因素。
- 掌握识别创业机会的方法。
- 能根据外部环境发现创业机会。

名人语录

我极少能看到机会，往往在我看到机会的时候，它已经不再是机会了。

——马克·吐温

问题导入

作为创业者，难能可贵的地方在于他能发现其他人所看不到的机会，并采取行动来把握创业机会并实现创业价值。在进行下面的学习之前，请同学们先回答以下三个问题：

（1）如何才能更容易地识别出创业机会？

（2）怎么选择创业机会？

（3）面对很多的创业机会，哪一个才具有商业价值呢？

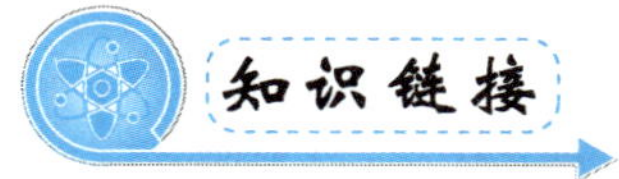

知识链接

一、创业机会的概念与特征

创业机会是指在市场经济条件下，社会经济活动过程中形成和产生的一种有利于企业经营成功的因素，是一种带有偶然性并能被经营者认识和利用的契机。

创业机会具有以下特征：

（1）普遍性。凡是有市场、有经营的地方，客观上就存在着创业机会。创业机会普遍存在于各种经营活动过程之中。

（2）偶然性。对一个企业来说，创业机会的发现和捕捉带有很大的不确定性，任何创业机会的产生都有“意外”因素。

（3）消逝性。创业机会存在于一定的时空范围之内，随着产生创业机会的客观条件的变化，创业机会就会相应地消逝和流失。

二、创业机会的来源

创业机会从何而来，这个问题很重要，但难以阐述清晰。在众多观点的基础上，我们认为美国凯斯西储大学谢恩教授的观点比较有代表性。谢恩教授提出了产生创业机会的四种变革，分别是技术变革、政治和制度变革、社会和人口结构变革、产业结构变革。

1. 技术变革

技术变革可以使人们去做以前不可能做到的事情，或者更有效地去做以前只能用不太有效的方法去做的事情。新技术的出现也改变了企业之间的竞争模式，使得创办新企业的机会大大增加。例如，网络电话协议技术使得传统的资本密集型的电话业务转化成为一种只需要少量资金就可行的业务，为那些资本缺乏的创业者提供了新的机会。

2. 政治和制度变革

政治和制度变革除过去的禁区和障碍，或者将价值从经济因素的一部分转移到另一部分，或者创造了更大的新价值。例如，环境保护和治理政策出台，会将那些污染严重、对环境破坏大的企业的资源，转移到推进生态文明建设的创业机会上来；专利技术的严格执行，通过专利费用的形式将价值转移到拥有专利的大公司，使得那些缺乏核心技术的企业从品牌企业沦为加工厂或破产倒闭。

3. 社会和人口结构变革

社会和人口结构变革，就是通过改变人们的偏好和创造以前并不存在的需求来创造机会。例如，西方国家的情人节、母亲节等诸多节日正在逐渐影响中国人的生活，因而创造了许多新的创业机会或价值增值。

4. 产业结构变革

产业结构变革是指因其他企业或者为主体顾客提供产品或服务的企业消亡，或者企业吞并或互相合并等原因而使行业结构发生变化，进而改变行业中的竞争状态。产业结构变革会影响创业机会。

三、创业机会的识别

（一）影响创业机会识别的因素

在现实中，许多人都有创业的想法，富有创业幻想，但能否在众多的创业想法中发现真正的创业机会，并有能力抓住它，最终成为一个成功的创业者，这受到许多因素的影响。

1. 先前经验

在特定的产业中，先前经验有助于创业者识别机会，这被称为“走廊原理”。它是指创业者一旦创建企业，他就开始了一段旅程，在这段旅程中，通向创业机会的“走廊”将变得清晰可见。某个人一旦投身于某产业创业，将比那些从产业外观察的人更容易看到产业内的新机会。

2. 认知因素

机会识别可能是一项先天技能或一种认知过程。有些人认为，创业者有“第六感”，使他们能看到别人错过的机会。多数创业者以这种观点看待自己，认为自己比别人“更警觉”。警觉很大程度上是一种习得性的技能，拥有某个领域更多知识的人，倾向于比其他人对该领域内的机会更警觉。例如，一位计算机工程师就比一位律师对计算机产业内的机会和需求更警觉。

3．社会关系网络

个人社会关系网络的深度和广度影响着机会识别。建立了大量社会与专家联系网络的人比那些拥有少量网络的人容易得到更多机会和创意。一项针对 65 家初创企业的调查发现，半数创业者报告说，他们通过社会联系得到了他们的商业创意。一项类似的研究考察了独立创业者（独自识别出创业机会的创业者）与网络型创业者（通过社会联系识别机会的创业者）之间的差别，研究人员发现，网络型创业者能比独立创业者识别出多得多的机会。

4．创造性

创造性有助于产生新奇或有用的创意。从某种程度上讲，机会识别是一个创造过程，是不断反复的创造性思维过程。在听到更多奇闻轶事的基础上，你会很容易看到创造性包含在许多产品、服务和业务的形成过程中。

（二）识别创业机会的方法

创业者可以通过多种方法识别创业机会，这里主要归纳几种较为常用的方法。

1．通过系统分析发现机会

多数机会都可以通过系统分析得以发现。人们可以从企业的宏观环境（政治、经济、法律、技术等方面）和微观环境（顾客、竞争对手、供应商等）的变化中发现机会。借助市场调研，从环境变化中发现机会，是机会发现的一般规律。

案例阅读

日本汽车商识别并把握美国汽车市场机会

20 世纪 60 年代初，日本汽车商利用政府、综合贸易商社、企业职能部门甚至美国市场研究公司广泛搜集信息。

通过市场调研，他们发现，美国人把汽车作为身份或地位象征的传统观念正在逐渐削弱，大多数人把汽车作为一种交通工具，更重视其实用性、舒适性、经济性和便利性；美国的家庭规模正在变小，核心家庭大量出现；美国汽车制造商无视环境变化，因循守旧，继续大批量生产大型豪华车，因而存在一个小型车空白市场。

于是，日本汽车商设计出满足美国顾客需求的美式日制小汽车，以其外形小巧、价格便宜、舒适平稳、耗油量低、驾驶灵活、维修方便等优势敲开了美国市场的大门。

资料来源：豆丁网

2．通过问题分析和顾客建议发现机会

进行问题分析，可以首先问“什么才是最好的”，一个有效并有回报的解决方法对创业者来说是识别机会的基础。这个分析需要全面了解顾客的需求，以及可能用来满足这些

需求的手段。

另外，一个新的机会可能会由顾客识别出来，因为他们知道自己需要什么。这样，顾客就会为创业者提供机会。顾客的建议多种多样，他们会提出一些诸如“如果那样的话不是更好吗”之类的非正式建议。无论采用什么样的手段，一个讲究实效的创业者总是渴望从顾客那里征求想法。

案例阅读

胡润的富豪榜

胡润，1970 年出生在卢森堡，就读于英国杜伦大学。1990 年，胡润到中国留学，后来就留在安达信会计师事务所上海分部工作，成了一名会计师。

但是，胡润遇到了一件麻烦事，每次休假回到英国，大家都会很好奇地问他中国怎么样。这个问题看似简单，不过还真是难以回答，关键是没有标准，偌大一个中国，五千年历史、十三亿人口，该说哪些方面呢？一个在中国留学的人，连这么简单的问题都回答不了，每次回国，胡润都要受到这种刺激。

1999 年，当时正好是中华人民共和国成立 50 周年，他灵机一动，想道：我给你介绍 50 个中国特别成功的人，不就可以让你知道中华人民共和国成立 50 年来的变化吗？基于这样的想法，胡润后来推出了富豪榜。

资料来源：豆丁网

3．通过创造获得机会

这种方法在新技术行业中最为常见，它可能始于拟满足的市场需求，从而积极探索相应的新技术和新知识；也可能始于一项新技术发明，进而积极探索新技术的商业价值。通过创造获得机会比其他方法的难度都大，风险也更高，但如果成功，其回报也更大。这种情况下所产生的创新在人类所有具有重大影响的创新中，居于压倒性的主导地位。

四、创业机会评估

对创业者来说，关键在于如何能够从众多机会中寻找出真正有价值的创业机会，并采取快速行动来把握机会。在此，我们介绍几种可用于评价创业机会价值潜力的一般方法，掌握这些方法，有助于打算创业的学生在发现创业机会后花费较少的时间、精力和成本迅速形成对创业机会价值潜力的基本判断。

一般而言，创业机会可以从产品、技术、市场与效益等几大方面进行评估。采取的方式有定性评价法和定量评价法。由于很多指标无法准确计算，所以创业者更多的是凭借自己的商业敏感抓住几个重要的指标分析，而且多为主观判断，而非客观分析。

（一）定性评价方法

定性评价方法是不采用数学的方法，而是根据评价者对评价对象平时的表现、状态或文献资料的观察和分析，直接对评价对象做出定性结论的价值判断。定性评价强调观察、分析、归纳与描述。

1. 蒂蒙斯的创业机会评价模型

蒂蒙斯总结出一个包含八类分项指标的创业机会评价模型，如表 4-1 所示，涉及行业与市场、经济因素、收获条件、竞争优势、管理团队、创业家的个人标准、理想与现实的战略性差异、致命缺陷等八个方面的 53 项指标。一些风险投资商、政府基金和创业大赛就是借用了该模型对创业项目进行评价。

表 4-1　蒂蒙斯创业机会评价模型

行业与市场	市场容易识别，可以带来持续收入
	顾客可以接受产品或服务，愿意为此付费
	产品的附加价值高
	产品对市场的影响力大
	将要开发的产品生命长久
	项目所在的行业是新兴行业，竞争不激烈
	市场规模大，销售潜力达到 1 000 万～10 亿美元
	市场成长率在 30%～50%甚至更高
	现有厂商的生产能力几乎完全饱和
	在五年内能占据市场的领导地位
	拥有低成本的供货商，具有成本优势
经济因素	达到盈亏平衡点所需要的时间在 1.5～2 年以下
	盈亏平衡点不会逐渐提高
	投资回报率在 25%以上
	项目对资金的要求不是很高，能够获得融资
	销售额的年增长率高于 15%
	有良好的现金流量，能占到销售额的 20%～30%
	能获得持久的毛利，毛利率要达到 40%以上
	能获得持久的税后利润，税后利润率要超过 10%
	资产集中程度低
	运营资金不多，需求量是逐渐增加的
	研究开发工作对资金的要求不高

（续表）

收获条件	项目带来的附加价值具有较高的战略意义
	存在现有的或可预料的退出方式
	资本市场环境有利，可以实现资本的流动
竞争优势	固定成本和可变成本低
	已经获得或可以获得对专利所有权的保护
	竞争对手尚未觉醒，竞争较弱
	拥有专利或具有某种独占性
	拥有发展良好的网络关系，容易获得合同
	拥有杰出的关键人员和管理团队
管理团队	创业团队是一个优秀管理者的组合
	行业和技术经验达到了本行业内的最高水平
	管理团队的正直廉洁程度能达到最高水平
	管理团队知道自己缺乏哪方面的知识
创业家的个人标准	个人目标与创业活动相符合
	创业家可以做到在有限的风险下实现成功
	创业家能承受薪水减少等损失
	创业家渴望进行创业这种生活方式，而不只是为了赚大钱
	创业家可以承受适当的风险
	创业家在压力下状态依然良好
理想与现实的战略性差异	理想与现实情况相吻合
	管理团队已经是最好的
	在客户服务管理方面有良好的理念
	所创办的事业顺应时代潮流
	所采取的技术具有突破性，不存在许多替代品或竞争对手
	具备灵活的适应能力，能快速地进行取舍
	始终在寻找新的机会
	定价与市场领导者几乎持平
	能够获得销售渠道，或已经拥有现成的网络
	能够允许失败
致命缺陷	不存在任何致命缺陷

2. 刘常勇的创业机会评价框架

我国台湾地区的创业学者刘常勇教授归纳出的创业机会评价基本框架，是一种比较简单的评价方法，他认为创业机会评价主要围绕市场和回报两个层面展开。

1）市场评价

（1）是否具有市场定位，专注于具体顾客需求，能为顾客带来新的价值。

（2）依据波特的五力模型进行创业机会的市场结构评价。

（3）分析创业机会所面临市场的规模大小。

（4）评价创业机会的市场渗透力。

（5）预测可能取得的市场占有率。

（6）分析产品成本结构。

2）回报评价

（1）税后利润至少高于 5%。

（2）达到盈亏平衡的时间应该在 2 年以内，如果超过 3 年还不能实现盈亏平衡，则这样的创业机会是没有价值的。

（3）投资回报率应高于 25%。

（4）资本需求量较低。

（5）利率应该高于 40%。

（6）能否创造新企业在市场上的战略价值。

（7）资本市场的活跃程度。

（8）退出和收获回报的难易程度。

（二）定量评价方法

定量评价方法是通过数学计算得出评价结论的方法，是指按照数量分析方法，从客观量化角度对科学数据资源进行的优选与评价。

1. 标准打分矩阵法

标准打分矩阵法是通过选择对创业机会成功有重要影响的因素，并由专家小组对每一个因素进行最好（3 分）、好（2 分）、一般（1 分）三个等级的打分，最后求出对于每个因素在各个创业机会下的加权平均分，从而可以对不同的创业机会进行比较。表 4-2 中列出了其中 10 项主要的评价因素，在实际使用时可以根据具体情况选择其中的全部或部分因素来进行评价。

表 4-2　标准打分矩阵

标准	专家打分			
	最好（3 分）	好（2 分）	一般（1 分）	加权平均分
易操作性				
质量和易维护性				
市场接受性				
增加资本的能力				

（续表）

标准	专家打分			
	最好（3 分）	好（2 分）	一般（1 分）	加权平均分
投资回报				
专利权状况				
市场大小				
制造的简单性				
口碑传播潜力				
成长潜力				

2. 温斯丁豪斯法

温斯丁豪斯法实际上是计算和比较各个机会的优先级。其计算公式如下：

$$机会优先级=\frac{技术成功率\times商业成功率\times(价格-成本)\times投资生命周期收入}{总成本}$$

在该公式中，技术成功率和商业成功率是以百分比（0～100%）表示；成本是以单位产品成本计算；投资生命周期收入是指可以预期的所有收入；总成本包括研究、设计、制造和营销等环节的成本之和。对于不同的创业机会，应将具体数值代入计算，特定机会的优先级越高，该机会越有可能成功。

3. 珀泰申米特法

珀泰申米特法就是计算创业机会的成功潜力指标。对于每个因素来说，不同选项的得分可以从 −2 分到 +2 分，通过对所有因素得分的加总得到最后的总分，总分越高，说明特定创业机会成功的潜力越高。只有那些最后得分高于 15 分的创业机会，才值得创业者进行下一步的策划，低于 15 分的都应被淘汰。表 4-3 所示为珀泰申米特法评价表。

表 4-3　珀泰申米特法评价表

评价因素	得分
对于税前投资回报率的贡献	
预期的年销售额	
生命周期中预期的成长阶段	
从创业到消费额高速增长的预期时间	
投资回收期	
获得领先地位的潜力	
商业周期的影响	
为产品制定高价的潜力	
进入市场的容易程度	
市场试验的时间范围	
销售人员的要求	
总　分	

在实际中，可以将上述评价方法适当综合起来应用，也可以延伸，更加广泛地应用于对创业机会的分析和研究。

一、小组讨论

生活中确实存在着大量的创业机会，但为什么有的人发现了，有的人却发现不了？请同学们 3～5 人一组，结合影响创业机会识别的因素进行分析讨论。讨论结束后，每组选一位代表讲述讨论的过程及内容。

评分标准：① 积极参与讨论（20 分）；② 能够提出鲜明的观点（20 分）；③ 提出的观点具有合理性（20 分）；④ 能够大胆表达自己的想法（20 分）；⑤ 语言表达流畅（20 分）。

二、探索活动

创业机会探索活动

活动目的：

培养学生发现创业机会的能力。

背景资料：

现在的创业者常常会感叹生不逢时，羡慕上个世纪 80 至 90 年代的创业者们所面对的大量的市场空白、卖方市场，那时候似乎只要胆子够大、能够找到钱，无论上什么项目都不愁销路。而当前的市场上，似乎任何领域都有着大量的竞争者，即使是有前景的市场领域，还没有做起来就陷入恶性竞争。这说明依靠信息、资源稀缺性来实现创业成功的路已越来越窄。但这并不意味着现在已经没有了创业成功的机会。任何时代的创造者都需要有超前的眼光和独辟蹊径的智慧才能走向成功。

活动内容：

仔细观察、认真思考，寻找身边的创业机会。具体操作步骤如下：3～5 人一组，每组通过头脑风暴的方式，以书面形式把所想到的创业机会一一列出。

建议：创业机会来源可考虑以下几个方面：

（1）个人生活经历；

（2）偶然的发现（日常生活中、旅行中……）；

（3）个人兴趣爱好；

（4）个人的家庭环境、家庭成员从事的职业及相关的行业背景等；

（5）国家政策导向；

（6）产业结构及技术的变革。

活动检测：

活动结束后，教师可根据表 4-4 进行评分，并评选出表现最优秀的一组。

表 4-4　活动评价表

评分标准	满分	实际得分	备注
积极参与活动	20		
列出创业机会（1 个 4 分）			
有创意	30		
可操作	20		
总　分			

三、能力训练

1．假如你所在的社区存在以下几个问题，你能否从中发现创业机会？

（1）当地没有令人感到舒服的、可与朋友会面的休闲咖啡店。

（2）当地的餐厅较多，菜品、服务相似，没有特色。

（3）社区服务不健全，离家近的菜店种类少、价格高；离家远的地方虽有个综合性的蔬菜购买市场，种类多、价格低。但坐车需要花费 20 分钟。

（4）在当地的商店里，玩具品种比较少，顾客选择的余地不大。

2．关注社会变化、政策变化。请大家根据表 4-5 列出社会变化、政策变化带来的商机。

表 4-5　变化带来的商机

社会、政策变化	商机（一）	商机（二）	商机（三）	商机（四）
“互联网+”时代				
数字电视普及				
产业化升级				
旅游业的兴起				
“一带一路”的提出				
食品安全				

3．请同学用所学的创业机会评估方法评估以上发现的创业机会是否可行，然后由师生共同商量选出最具创意、最具可行性的创业机会，进行创业模拟。

第二节　创业风险管理

- 熟悉创业风险的概念和来源。
- 掌握创业风险的识别、评估和防范。
- 能进行风险评估。
- 能针对企业存在的风险找出有效的应对方法。

指出谁是团队里最差的成员并不残忍，真正残忍的是对成员存在的问题视而不见，文过饰非，一味充当好人。

——通用电气公司的前总监杰克·韦尔奇

创业有风险，但也有规避和防范的方法。风险规避和防范的第一步就是要正确、全面地识别可能面临的各种潜在风险。在进行下面的学习之前，请同学们思考以下几个问题：

（1）创业有什么风险？

（2）如何才能识别创业风险？

（3）创业者该如何防范创业风险？

一、创业风险的概念

创业风险是指在创业过程中，由于创业环境的不确定性，创业机会与创业企业的复杂性，创业者、创业团队的能力与实力的有限性，而导致创业活动偏离预期目标的可能性及后果。

二、创业风险的来源

1．资金风险

资金风险是指创业者或创业企业在理财活动中存在的风险。对创业所需资金估计不

足，难以及时筹措创业资金，创业企业财务结构不合理、融资不当、现金流管理不力等可能会使创业企业丧失偿债能力，导致预期收益下降，形成一定的资金风险。一旦资金不足，企业日常运营就会非常困难，甚至会出现破产。

2．竞争风险

创办企业要随时考虑如何面对竞争的问题。如果创业者选择的行业是一个竞争非常激烈的领域，那么在创业之初极有可能受到同行的强烈排挤。一些大企业为了把小企业吞并或挤垮，常会采用低价销售的手段。对于大企业来说，由于规模较大或实力雄厚，短时间的降价并不会对它造成致命的伤害，而对初创企业则可能意味着彻底毁灭的危险。因此，考虑好如何应对来自同行的残酷竞争是创业企业生存的必要准备。

3．技术风险

技术风险是指由于技术方面的因素及其变化的不确定性而导致创业失败的可能性。技术成功的不确定性，技术前景、技术寿命、技术效果的不确定性，技术成果转化的不确定性等，都会带来技术风险。

4．市场风险

市场风险是指由于市场情况的不确定性导致创业者或创业企业损失的可能性。市场风险包括产品市场风险和资本市场风险两大类。市场供给和需求的变化、市场接受时间的不确定性、市场价格变化、市场战略失误等原因会给创业活动带来一定的市场风险。

5．团队风险

现代企业越来越重视团队的力量。创业团队能使创业企业迅速地发展，但同时蕴含风险。一旦创业团队的核心成员在某些问题上产生分歧不能达到统一时，极有可能会对企业造成强烈的冲击。创业团队在面临与股权、利益相关联的问题时，也容易出现问题。创业企业还要注意高素质业务骨干流失的风险。

三、创业风险的管理

如何看待创业风险？

1．风险识别

风险识别是指在风险事件发生之前，风险管理人员在搜集资料和调查研究的基础上，运用各种方法对尚未发生的潜在风险进行系统归类和全面识别。其任务是查明各种不确定性因素和风险来源，预估各种风险事件的可能后果，确定哪些因素对创业构成威胁，哪些因素可能带来机会，为风险管理做好准备。

风险识别的具体方法主要有以下几种：

（1）业务流程法。以业务流程图的方式，将企业经营的全过程按其内在的逻辑关系制成流程图，针对流程中的关键环节和薄弱环节进行调查分析，找出可能存在的风险，并

分析该风险存在的原因和可能造成的损失。

（2）咨询法。委托咨询公司或保险代理人对公司进行风险调查和识别，并提出风险管理方案，供经营决策者参考。

（3）现场观察法。通过直接观察企业的各种生产经营设施和具体业务活动，具体了解和掌握企业面临的各种风险。

（4）财务报表法。通过分析资产负债表、损益表和现金流量表等报表中的每一个会计科目，确定某一特定企业在何种情况下会有什么样的潜在损失及其成因。由于每个企业的经营活动最终要涉及商品和资金，所以这种方法比较直观、客观和准确。

2. 风险评估

风险评估是指在风险识别的基础上，对可能发生的某类风险的预计、度量和后果估计等工作。在这一阶段，可按照相关风险发生的概率进行分类，评估出大概率风险、一般风险和小概率风险，同时对风险事件带来的损失规模进行分析，从而使风险分析科学化。把风险事件的发生概率、损失程度与其他综合因素结合起来考虑，确定风险发生的可能性及其危害程度，通过比较管理风险所支付的费用，决定是否需要采取风险控制措施以及控制措施采取到什么程度，从而为管理者进行风险决策提供可靠的依据。

创业者该如何防范创业风险？

3. 风险防范

创业者评估风险后，若认为某种风险会给企业带来较大的损失，就会针对该风险采取相应的防范措施。

（1）财务风险的防范。主要应对措施有：① 创业者要对创业所需资金进行合理估计，避免筹资不足影响企业的健康成长和后续发展；② 要学会建立创业企业的信用，提高获得资金的概率；③ 创业者或团队一定要学会在企业的长远发展和目前利益之间进行权衡，设置合理的财务结构，从恰当的渠道获得资金；④ 管理创业企业的现金流，避免出现现金断流带来财务拮据甚至破产清算的局面。

案例阅读

尽量避免风险，保住本金

股神巴菲特是一个善于规避风险的高手：1956 年，26 岁的巴菲特靠亲朋凑来的 10 万美元白手起家；52 年后，福布斯最新全球富豪排行榜显示，巴菲特的身价已位居全球首位。今天看来，巴菲特的故事无异于神话。但仔细分析巴菲特的成长历程，他并非那种善于制造轰动效应的人，而更像一个脚踏实地的平凡人。

在巴菲特的投资名言中，最著名的无疑是这一条："成功的秘诀有三条：第一，尽量避免风险，保住本金；第二，尽量避免风险，保住本金；第三，坚决牢记第一、第二条。"为了保证资金安全，巴菲特总是在市场最亢奋、投资人最贪婪的时刻保持清醒的头脑而急流勇退。1968 年 5 月，当美国股市一片狂热的时候，巴菲特却认为再也找不到有投资价值的股票了，他由此卖出了几乎所有的股票并解散了公司。结果在 1969 年 6 月，股市大跌，渐渐演变成了股灾，到 1970 年 5 月，每种股票都比上年初下降了 50%，甚至更多。

巴菲特的稳健投资，绝不干"没有把握的事情"的策略使他逃避过一次次股灾，也使他能在机会来临时资本迅速增值。

资料来源：叶敏，谭润志，杨荣. 大学生创新创业教程. 上海：上海交通大学出版社.

（2）竞争风险的防范。主要应对措施有：① 回归到产品本身，产品或服务才是创业者的护城河。② 关注竞争对手和用户需求，找到竞争对手的弱点，为用户提供独一无二的产品价值。

（3）技术风险的防范。主要应对措施有：① 加强对技术创新方案的可行性论证，减少技术开发与技术选择的盲目性，并通过建立灵敏的信息预警系统，及时预防技术风险；② 通过组建技术联合开发体或建立创新联盟等方式减少技术风险发生的可能性；③ 提高创业企业技术系统的活力；④ 高度重视专利申请、技术标准申请等，通过法律手段减少损失出现的可能性。

（4）市场风险的防范。主要应对措施有：① 以市场及消费者的需求为生产的出发点；② 时刻关注市场变化，善于抓住机会；③ 广泛收集市场信息，并加以分析比较，制定有效的市场营销策略；④ 摸清竞争对手底细，发现其创业思路与弱点；⑤ 对各种成本精打细算，杜绝不必要费用；⑥ 健全符合自身产品特点的销售渠道网络；⑦ 以良好诚信的售后服务赢得顾客青睐。

（5）团队风险的防范。主要应对措施有：① 谨慎选择创业团队成员。② 形成团队的共同价值观和愿景。让所有团队成员对于"创业使命""共同目标"等关键命题达成一个共识，并用这些共识去指导整个团队和每个成员的行为。③ 制定团队规范和团队纪律。用良好的规范和纪律来约束团队的成员。

一、小组讨论

不管在什么行业创业都存在风险。这些风险从开始创业时就潜伏在创业者的身边，有的创业者能很好地预测风险，所以能巧妙地避开。在创业过程中，一般会存在资金风险、竞争风险、技术风险、市场风险和团队风险。除了上述风险外，还存在其他风险吗？请同学们运用头脑风暴法，想出其他可能存在的创业风险，并指出你认为的最大风险是什么？该如何规避？

请同学们 3～6 人一组，就上述问题展开讨论，并用笔记录讨论的结果。讨论结束后，每组选一个代表说一说讨论的结果，然后由师生一起评比出观点最合理、方法最实用的小组。

评分标准：① 积极参与讨论（20 分）；② 能够说出其他的创业风险（20 分）；③ 能针对创业风险提出有效的措施（20 分）；④ 能够大胆表达自己的想法（20 分）；⑤ 语言表达流畅（20 分）。

二、探索活动

加盟户外运动品牌的风险探索

活动目的：

能进行风险评估；能针对企业存在的风险找出有效的应对方法。

活动内容：

随着户外运动的兴起，新兴户外运动品牌如雨后春笋，许多传统运动服装企业也嗅到了商机，纷纷开发出户外系列服装。选择一个你喜欢的户外运动品牌。如果通过加盟该品牌的方式进行创业，需要注意哪些风险？应采取哪些防范措施？（主要对加盟前、加盟过程中和加盟后的风险进行评估。）

具体操作步骤如下：

第一步：教师对学生进行分组，3～5 人为一组，选出一个小组负责人。

第二步：小组成员就上述资料中提出的问题进行讨论，写一份约 600 字的分析报告。

第三步：小组负责人上台汇报讨论的结果。

活动检测：

活动结束后，教师可根据表 4-6 进行评分。

表 4-6　探索活动评价表

评分标准	满分	实际得分	备注
能识别出不同阶段的风险	25		
能针对各种风险提出应对措施	25		
风险识别准确，措施合理有效	25		
能积极参与讨论、发表见解	25		
总　分	100		

三、创业访谈

访谈 2～3 个创业者，了解他们在创业和企业经营过程中遇到过哪些风险，他们是如何规避和化解这些风险的。（在采访前，一定要做好充分的准备，提前了解受访的企业；在访问过程中，注意所提的问题一定要有针对性。）

四、能力训练

假设你和你的合伙人一起创办了一个咨询公司。在经营过程中，你们俩在管理和营销决策方面经常出现分歧，且各自都觉得自己的想法是对的。由于两人意见经常不一致，矛盾越来越尖锐，合伙人经常不来公司，独自在外揽项目，且不经过公司的账目。请根据上述问题，找出解决方案（至少 2 个）填写表 4-7，并对每个方案进行分析。

表 4-7 探索活动评价表

解决方案	优势	劣势	是否可行

评分标准：方案越多，越具有可行性，得分越高。

第三节 大学生创业项目选择策略

- 熟悉选择项目应遵循的基本原则。
- 掌握创业项目选择的策略。
- 能根据自身资源优劣势选出合适的创业项目。

机会的获得是极不容易的，需具备三大条件，那就是：像鹿一般会跑的腿，逛马路的闲工夫，和犹太人那样的耐性。

——法国文学家巴尔扎克

如何选择创业项目？

创业者在创业之前必须选择好项目才能进行下一步创业的开始之路。项目是机会的具体化，是将创意转化为市场所需产品的实际表现。创业机会识别和评估之后，创业者还需要结合自身条件，进一步评估机会的可行性；然后将创业机会进一步细化到产品上去，选择合适的创业项目。在进行下面的学习之前，请同学们思考以下问题：

（1）如果你要创业，你会如何选择创业项目？

（2）你拥有什么技能或技术？

（3）你能用这些技能或技术抓住商机吗？

选择项目要遵循一定的原则，了解自己在哪方面较有创意、潜力；哪方面的事业较能吸引自己的注意力、并鞭策自己勇往直前等，并且要有清晰的思路。一旦做好选择，接下来的许多课题便需要创业者一步步地去执行了。

一、选择项目应遵循的基本原则

1. 做自己熟悉的

创业是一项风险性极强的活动，初次创业的大学生更是如此，我国大学生较低的创业成功率已经证明了这一点，贸然走进一个陌生的行业是不合适的。创业者应尽量选择自己熟悉的行业和项目，充分利用自己的优势资源，如专有技术、行业从业经验、经营管理能力、个人社会关系等，这样既可以较好的控制风险，又能够发挥自己的特长，形成自己的经营特色，看清市场变化，在将来的市场竞争中占据主动地位。我国许多老字号品牌如“北京烤鸭”“山西老陈醋”，能够历经百年而长盛不衰，与这些品牌商家在最初创业时开发并有效利用自己的专有技术有密切关系。

2. 做自己感兴趣的

兴趣是最好的老师，只要你对某项事情感兴趣，一般都容易做好，并且会事半功倍；如果对某项事情不感兴趣，一般都不容易做好，即使最后做好了，也会是事倍功半。因此，正在艰难选择项目的创业者，最好选择自己感兴趣的行业和项目。

3. 做可以掌控的

与其他创业者相比，初次创业者有许多先天不足的条件，他们普遍缺乏创业经验，资金、社会关系等资源相对贫乏，这些不足让他们极易遭遇创业“初始危险期”。他们满怀雄心，激情澎湃，但创业初期，生存才是最重要的，因此，创业者必须衡量清楚自己的资源，量入为出，把风险置于自己可以掌控的范围之内，在同等条件下，优先考虑那些“短平快”项目，这样操作一方面可以迅速收回投资，降低投资风险；另一方面，即便项目后期成长性不好，创业者也可以选择维持经营或后期主动退出，利用掘到的“第一桶金”另寻出路。实践中，不少富豪目前经营的产业与当初创业时的选择大相径庭就说明了这一点。

4. 做市场需要的（产品）

产品生产要以市场为根本。创业者在选定项目之前，一定要做好充分的市场调查，获取市场的产品需求信息。创业需要灵感，但灵感不能建立在虚幻之上，没有市场调查，就不能知晓市场真正的需求，更无法预测市场的未来走势，而生产出来的产品将会脱离市场，创业者可以通过问卷、访谈、实地考察、试验等多种方式进行市场调查，获取市场的第一手资料，尤其要注意对市场空白的搜索，因为有空白就存在着巨大的消费需求，而这就是商机，就是最好的创业项目。

温州有一个拥有千万资产的老板叫叶建林，他创业成功的秘诀就是“生意一火就转行”。从开酒楼开始，他陆续做过鞋革市场、大排档，现在又在做火锅店的生意。每一次他都创当地行业之先河，而且盈利颇丰，原因就在于他能敏锐地发现和抓住市场空白，捷足先登。

5. 做可持续发展的

选定项目时，创业者应该有个长远眼光，把可持续发展作为创建企业的一个重要因素。思想有多远，路就有多远，只考虑眼前利益，离被淘汰也就不远了。如以前有玩具“飞来飞去器”、健身器材“呼啦圈”等，这些产品的盛销也就是一阵风，这阵风吹过之后市场就饱和了。市场要有源源不断的需求，最好是反复重新消费的商品，只有选择这样的项目才可以长久的持续发展。

6. 做符合政策导向的

成功的创业者，一定会时时关注国家政策的变化。政策对于不同产业的导向，意味着国家对于该产业的态度以及它未来可预见的前景。国家扶持的产业往往是国家重点发展的项目，而这正是创业者所需要的商机。现在相当一部分成功的民营企业家，就是在我国改革开放初期，借助国家政策的变化，找到了创业机会，顺利起步。随着改革开放政策的不断深化，涌现出的商机将会越来越多。

另外，创业项目要选择国家允许准入的行业和领域。国家对于有些领域是明令禁止的，如制毒贩毒、生产和经营军火、非法传销等；有些领域是有限制条件准入的，如制药、烟草等；有些行业是有资质限制准入的，如大型的建筑安装工程、矿山的开采等。对于普通大众的民用商品绝大部分没有什么限制，只需要守法经营和照章纳税即可进入。自己所选择的项目及经营要符合法律的规定，否则创业也是要失败的。

所有的创业行为都要落实在一个个具体的创业项目之上。创业项目的寻找和选择至关重要，在探寻创业项目时要舍得花工夫。

二、创业项目选择的策略

1. 基于解决别人困难选定创业项目

从各种社会困难现象和别人的实际困难问题中，找出目前尚未被满足而又被广泛渴望的需求，即“痛点”，从中发掘出将会产生系列连锁反应的机会。“别人的困难往往就是企业成功的机会。”解决别人的实际困难，或挖掘别人（即潜在的目标客户、用户）的“痛点”，可谓是创业最好的出发点和切入点之一，很多创业者或创业团队的起步都是从自己的痛点或身边人的痛点做起的。例如，城市交通拥堵，打车难是痛点，打车软件便应运而生；餐馆多难甄别是痛点，点评网站便应时而现；一些青年大学生对学校食堂饭菜不甚满意或懒于走动等是痛点，各种做外卖的网站则横空而建，如饿了么、美团外卖等；出门在外或旅行，手机没电而急需用电是痛点，充电宝即破土而出。

2. 分析已有商品存在的问题选定创业项目

市场上销售的商品总会存在这样或那样的问题。有的样式呆板，有的颜色单一；有的在功能和性能方面不够完善，有的在结构方面不够合理等。创业者经过调查分析，针对这些商品存在的问题，进行改进、完善、提高，以此作为创业项目往往成功率很高。比如，迪士尼乐园的创始人迪士尼，就是针对当时市场上卡通影片存在的问题，通过改进技术创业的。

3. 透视热销商品或社会热点现象背后隐藏的商机选定创业项目

以热销商品或社会热点为导向，认真分析热销商品或社会关注热点现象背后隐藏的商机，即为那些“赶潮”的人们提供创新型商品或服务而选定创业项目进行经营实践。例如，当看到智能手机热销时，有人分析预测手机背后隐藏的商机：一是手机贴膜应运而生，二是手机阅读架悄然而起，三是手机自拍杆顺势而出，四是手机充电宝备受青睐，五是各种适用手机的网络软件和手机 APP 犹如雨后春笋般涌现。又如，人们旅游热背后的商机——旅游地缘文化商品的开发；网购商品热点现象背后的商机——物流快递等。

4. 基于市场供求差异分析选定创业项目

从宏观上看，任何产品或服务的市场需求总量和市场供给总量之间往往都会存在一定的差距。通过调查分析，若发现哪个产品或服务的市场供给不足，就可以从中找到创业机会，选定创业项目。市场需求不仅是多样化的，而且是不断变化的。因此，即使有时市场供求总量平衡，但结构也会出现不平衡，这样就会有需求空隙存在。创业者通过分析供需结构差异，也可以从中发现创业机会，选定创业项目。例如，我国饮料市场的供求状况总体上看是供过于求的，但广东三水酒厂厂长李经纬先生，当年创业时就是在这供过于求的市场状态中，通过分析供需结构差异发现了创业机会，开发出运动保健饮料，起名“健力宝”，一举打开市场，不断发展壮大为今天的健力宝公司。

5. 利用市场细分选定创业项目

所谓市场细分，就是根据整体市场上顾客需求的差异性，以影响顾客需求和欲望的某些因素为依据，把某种商品的整体市场划分为若干个消费者群的一种市场分类方法。通过市场细分划分出的每个消费者群就是一个子市场，每个子市场都是具有相同或类似需求倾向的消费者构成的群体。因此，属于同一子市场的消费者对同一商品的需求极为相似，分属不同子市场的消费者对同一商品的需求则存在着明显的差异。因此，进行科学的市场细分有利于发现市场机会，选定目标市场，确定创业项目。

6. 善待自身的喜好或特长选定创业项目

做自己喜爱或擅长的事情，通常都比较容易做好。结合自身的专业特长，尤其是自己喜爱的特长，认真分析市场需求和自身情况而选定创业项目，往往能最大限度地激发创业者自身的创新创业激情，投身于创新创业实践。例如，“90后”CEO余佳文与“超级课程表”。

拓展阅读

大学生创业建议项目

对于大学生创业者而言，一般可以考虑以下几类易于切入和运作的项目：

创业微电影——《高秋月的创业之路》

1. 借助学校品牌的项目

1）各类教育与培训

比如大学生所在的学校有医学、心理学、教育学，便可借助大学的品牌优势和专业师资资源，开展各种培训项目。

2）成熟的技术转让

理、工、农、医类院校，都有一些技术课题和成熟的技术项目。大学生可以把这件事做起来，为技术寻找市场，实现转化。

3）各种专业的咨询

经济管理等专业的大学生，可成立企业咨询组织，邀请业内权威专家组成“专家顾问组”，提供咨询服务。

2. 利用优势的服务项目

1）家教服务中心

可以在同学中挑选能够胜任的，组成团队。另外，通过与重点中学、小学的老师合作，选择有优势，又有市场需求的家教科目。

2）成人考试补习

可以与本校的成教学院或其他相关部门合作，以其名义独立运作。

3）会议礼仪服务

成立一家某大学的礼仪服务队，既可以与专业的礼仪公司合作，也可以直接面向各类大型会议。

4）速记训练经营

许多场合，如研讨会、新闻发布会、各种论坛等，都需要速记。针对速记市场，可以训练专业的速记人才并提供相应的服务。

3. 可以独立运作的专业项目

1）各种专业外包服务

有些研发或服务项目，其业务特点可以外包开发，适合专业人才或小团队独立自主地去做。互联网又为这种方式提供了可行且便利的条件。这种业务外包和分包的模式，为大学生创业项目选择提供了一个新途径。

2）图书制作前期工作

比如选题策划、文字录入、版式设计、包装设计，还有校对等，都适合具有该方面特长的大学生独立来做。

3）各类平面设计工作

比如广告、宣传画、书皮、商标等。此类事情对有艺术设计特长者特别适合，属于创意设计类项目。

4）各种专项代理业务

比如专利申请代理、技术产权代理、各类注册代理，如商标注册、域名注册。

4. 利于对外合作的项目

1）婚礼化妆司仪

婚礼经济是长盛不衰的，又总是与双休日捆绑在一起的，服务内容又是分门别类的。不限于化妆和司仪，任何一个单项，都可以独立打造自己有特色、有创意的服务内容。

2）服装鞋帽设计

服装鞋帽的生命力在于推出新款式，设计是这类企业的生命。例如，设计出新款鞋子后，做成样品，让大鞋商定货，再拿订单委托鞋厂加工。

3）各类信息服务

不论哪类信息，只要够专业、够翔实、够深度，就会有许多人需要，大到行业，小到名录都有商业价值。

4）主题假日学校

凡是与中小学生的德、智、体发展有益的事情都可以办主题鲜明的假日学校。做好这件事，选题很重要，可以借助有影响、有公信力的资源，也可以与旅游公司联手举办相关活动。

5. 小型多样的经营项目

1）手工制造

有位大学女生，把剪纸做得很专、很透、很有规模，销到了许多国家，还搞起了专业培训。

2）特色专柜

在黄山有个幽静的山谷，那里的农民自己采摘，炒制野山茶。北京有位大学生，在一家大茶庄开了个一米的专柜，专门经营这种野山茶。

3）网络维护

许多企业、事业单位为了节约成本，使用兼职的网络维护员。许多大学生有网络维护的技术专长，不妨成立项目组，同时为几家做兼职维护服务。

4）体育用品

山东的一个大学生搞了个“体育文化工作室”，直接从厂家进运动服装和体育用品，在本校和几个周边学校经营。

资料来源：叶敏，谭润志，杨荣．大学生创新创业教程．上海：上海交通大学出版社．

拓展训练

一、案例分析

刘芳一直想开食品杂货店，自己做主当老板。她有个邻居开了一家小食品杂货店，效益一直非常好，她看着眼熟，便决定自己当老板，于是，她把这一想法告诉了亲戚、朋友和邻居们。她家有一间房适合用来开食品杂货店。她丈夫帮她做了一些搁板和一个柜台。刘芳有些积蓄，加上从亲戚那里借来的钱，足以进货。她申请到营业执照后，就开业了。一开业，刘芳就遇到了问题。来她商店的顾客远比他邻居店里的少很多。而且，孩子告诉她，邻居的店铺现在的经营情况也不怎么好。

思考：

（1）刘芳的食品杂货店为什么会出现问题？

（2）在这种情况下，刘芳还能做些什么？

二、探索活动

寻找创业项目

活动目的：

从自身优势构思创业项目。

活动内容：

自己所学的专业是自己最熟悉的行业，根据该行业的特点、布局、结构，找到创业切入点，寻找创业机会。运用蒂蒙斯的创业机会评价模型进行评估，以确定创业机会具有可行性。然后评估自身条件，确定自己是否有能力来利用这一机会。最后，选取创业项目，优化创业方案。具体实施步骤如下：

（1）教师将学生分组，3～6 人一组，写出可能存在的创业机会。

（2）进行机会评估。

（3）进行自身条件评估。

（4）选取创业项目。

（5）运用头脑风暴法优化创业方案。

（6）师生一起评价创业项目，选出具有代表性的创业项目进行创业模拟。

（7）预期成果或收益。

活动检测：

活动结束后，教师可根据表 4-8 进行评分。

表 4-8　探索活动评价表

评分标准	满分	实际得分	备注
能发现创业机会	25		
能够运用蒂蒙斯的创业机会评价模型	25		
创业项目符合市场需求	25		
创业项目风险可控制	25		
总　分	100		

第五章

创业者与创业团队

自我思考：

创业对于大多数人而言是一件极具诱惑的事情，同时也是一件极具挑战的事。一个人要想获得创业成功，一定要具备基本的创业素质，拥有优秀的创业团队。

请同学们思考一下，创业者应具备哪些素质？你觉得自己适合创业吗？你具备哪些创业素质？你觉得组建团队应注意什么？

开篇故事

诚信是创业成功的“王牌”

有一天，一位加拿大外商拿着一个天量订单，找到了一位企业家。在最终签约前，对方提出了两个条件：一是需要有一家实力强大的公司做担保，二是要实地考察他的工厂。看似两个很常规的条件，对于羽翼未丰的这位企业家来说，却似两颗定时炸弹，随时都可能把这个天量订单给炸得无影无踪。

这位企业家回去后，磨破嘴皮也没有任何一家有实力的公司愿意为他的小公司做担保，这让他有些心灰意冷；再看看自己简陋的厂房和陈旧的设备，要过实地考察这一关几乎不可能。此时，有人给他出主意：“我们可以先花点钱，租用一间大工厂，反正那个外商也看不出来。”他坚决反对：“即使订单泡汤，也绝不能糊弄别人。你要相信世界上每一个人都精明，要令人信服并喜欢和你交往，那才是最重要的。”

第二天，这位企业家硬着头皮把加拿大外商请到了工厂里，如实向外商介绍自己工厂的情况。令他倍感意外的是，外商刚走出车间，就要求与他签订合约。他面有难色地说：“对不起，先生，我的工厂太小，没有任何一家有实力的本地公司愿意为我做担保。”外商笑着说：“你的诚信，就是最好的担保。”他继续说：“非常感谢您对我的信任，可是，这个订单对我来说实在太大了，我的这个小工厂的生产能力无法满足您的需要；现在，我手里的资金有限，还无法继续扩大生产规模。”外商坚定地说：“我可以预付一笔订金，你扩产需要多少？你说个数吧！”

可见，诚信真的是可以当钱用的。

资料来源：道客巴巴

第一节　创业者素质

- 了解创业者应具备的创业素质。
- 掌握提升心理素质、道德素质和专业素质的方法。

- 能说出自己具备哪些创业素质，能发现自身素质的不足。
- 能有意识地去练习和提高自己的创业素质。

名人语录

勇气和天才是成功的一半，而毅力是成功的另一半。

——法国文学家巴尔扎克

问题导入

创业者是创业的核心，是创业成功的关键因素。美国的钢铁大王——卡耐基曾说过：如今，即使拿走我的全部资产，但只要把这五十多个有素质、有能力的事业伙伴给我留下，三年之后，我还会成为亿万富翁。创业需要具备创业素质的优秀人才，这样才能够给企业带来向心力和凝聚力，才能带领企业突破困难，走向成功。在进行下面的学习之前，请同学们先思考以下几个问题：

（1）创业者应具备哪些素质？哪种人是潜在的创业者？

（2）你具备哪些创业素质呢？

（3）你知道提升创业素质的方法有哪些？在生活中，你有意识地去练习和提高了吗？

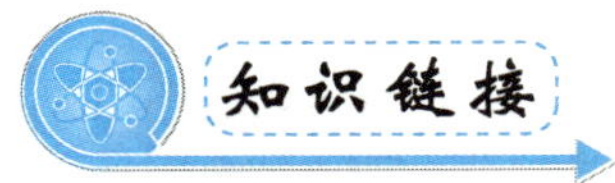

知识链接

一、创业者应具备的素质

（一）心理素质

1. 独立自主

创业者要有独立自主的个性心理。独立自主主要体现在以下几个方面：① 自主抉择，即在选择人生道路、创业目标时，有自己的见解和主张；② 自主行为，即在行动上很少受他人影响和支配，能按自己主张决策贯彻到底；③ 行为独创，即能够开拓创新，不因循守旧、步人后尘。

2. 坚定信心

坚定信心是创业者对自身所从事的活动或事业深信不疑的性格特征。这是创业者获得创业成功的必备要素。创业过程中往往会遇到很多困难，如果创业者缺乏坚定的信心，遇到挫折就怀疑自己决策的正确性，那么，就不能使创业顺利地进行下去。

3. 敢于冒险

在市场经济大潮中，机会与风险共存。只要从事创业活动，就必然有风险伴随。创业就意味着冒险，只有冒险才可能把握稍纵即逝的市场机遇。但是，冒险不意味着冒进。冒进是指不顾具体条件和实际情形而冒昧进行。如果一件东西，你经过努力，有可能得到，且这个东西值得你去得到，那么，你可以冒险去尝试。否则，你的行为就属于冒进。无知的冒进只会使事情变得更糟，你的行为将变得毫无意义。

4. 顽强执著

创业者需要有百折不挠、坚持不懈的毅力和意志。无论是面对成功还是失败，都能做到坚持、不放弃。对于一个创业团队，顽强和执著精神就是团队成功的锐利武器。创业者的执著可以引导企业团队成员凝聚在一起，奋勇向前。

案例阅读

闯祸的爱迪生

“呜——”，汽笛一声长鸣，火车在铁轨上奔驰。“当啷！”吸烟室里传来东西破碎的声音，紧接着一股烟火破门而出。

火车仍在飞快奔驰，火借风势越烧越猛。

“快救火呀！行李车厢起火啦——”

人们闻声赶到，奋力扑救，大火终于被扑灭。

火是扑灭了，损失不算太大，可是列车长胸中的怒火却再也压不住了，他恼怒地把吸烟室里剩下的瓶瓶罐罐以及其他一些东西全部丢到车窗外面。

这些东西属于一个名叫爱迪生的人，他在火车上当报童已经4年，这年他15岁。

爱迪生从小爱科学，可是因为家庭经济困难，他不得不当报童挣钱。

在火车上，他想利用空余的时间做实验。得到列车长的允许后，他把一部分实验用品搬到了行李车厢的吸烟室。但由于火车的震动，一瓶黄磷掉了下来，引发了大火。从此，爱迪生就不能在火车上继续做实验了。

真是祸不单行，没多长时间爱迪生又遇上了一次事故，耳朵受伤后变聋。

然而这些打击并没有使爱迪生灰心，他仍然执著地追求着理想。由于专心于搞实验，工作中难免出差错，因此他不仅挨过打，而且多次被解雇。同时由于实验条件太简陋，常出事故，一次烧毁了他的衣服，一次差点把眼睛弄瞎。

22 岁那年，他发明了自动收报机，得到了一笔资金。这使他终于有了一个像样的实验室，并且可以辞去工作，专心致志地进行发明了。

为了发明电灯，他查阅了无数图书资料，记了 4 万多页的笔记；为了寻找制作材料，常常连续工作近 30 个小时，有一次竟然 5 个昼夜没有休息。

在发明电池的过程中，他实验过几千种材料，做了 4 万多次实验，历时 1 460 天才制造成功。

爱迪生仅仅受过 3 年教育，但凭着坚韧不拔的精神，发明几千种创造，当之无愧地成为人类科学发展史上的“发明大王”。

资料来源：边涛，吴玉红.《坚强意志培养》. 北京：中国物资出版社，2005.

（二）道德素质

1. 诚信为本

诚信就是“诚实无欺，信守诺言，言行相符，表里如一”。诚信不仅是为人处世的基本准则，更是经商之魂。在创业经商过程中，诚信是第一品质，是创业者的“金质名片”，也是参与各种商业活动的最佳竞争利器。

2. 责任心强

责任心是指一个人具有的对自己、家庭、组织及社会等主动担负责任的意识，是创业成功的基础。一个人一旦有责任心，就会在日常生活中表现出成熟的举动和行为，如尊老爱幼、爱岗敬业、尽职尽责等。当我们在开创人生事业的时候，需要对企业员工担负责任，也需要对社会担负责任。

3. 守法律己

守法律己是指创业者要严格依据法律法规创办和经营企业，不从事违法活动，不搞与法律相对抗的行为。要严以律己，做遵纪守法的创业者，这样，企业才能得到持久发展。

4. 勤劳节俭

“勤能补拙”“勤劳致富”“成由节俭败由奢”等至理名言，都是我们人生和创业成功的不二法门。要想创业，特别是白手起家的创业者，就必须坚守“勤劳节俭”的人生习惯，并将勤劳节俭用于企业经营，降低经营成本，提高经营效率。

世上很多创业成功的富翁，他们都有勤劳节俭的性格。我们青年学生要想创业成功，没有点勤劳节俭的精神和习惯，是很难万事如意的。从现在起，青年学生就应该修炼和培养自己勤劳节俭的人生习惯。

（三）专业素质

1. 专业能力

创业者在工作中不需要事事具备、面面俱到，但是熟练的专业知识、精湛的专业技能

却是保证自己在业内游刃有余的必备条件，尤其对从零开始的创业者来说更加重要。

2．社交能力

创业需要创业者依靠其拥有的资源。其中最重要的一点是人脉资源，即创业者构建其人际网络或社会网络的能力。一个创业者如果不能在最短时间之内建立自己最广泛的人际网络，那他的创业一定会非常艰难。

创业者在从事经济活动中，免不了有各种社会交往，它对搞好生产与经营工作、加强与各方面的沟通联系、扩大影响、减少负面效应、提高经济效益都有着不可估量的作用。

3．管理能力

企业的成功离不开成功的企业经营管理。经营管理能力是指对人员、资金的管理能力。它涉及人员的选择、使用、组合和优化；也涉及资金聚集、核算、分配、使用、流动。经营管理能力是一种较高层次的综合能力，是运筹性能力。创业者经营管理能力的形成要从学会经营、学会管理、学会用人、学会理财几个方面去努力。

4．创新能力

周鸿祎：创业素质·创新

创新能力是创业能力的重要组成部分。创新是知识经济的主旋律，是企业化解外界风险和取得竞争优势的有效途径，它包括两方面的含义，一是大脑活动的能力，即创造性思维、创造性想象、独立性思维和捕捉灵感的能力；二是创新实践的能力，即在创新活动中完成创新任务的具体工作的能力。创新能力是一种综合能力，与知识、技能、经验、心态等有着密切的关系。

二、创业者素质的提升

提升心理素质的方法

（一）提升心理素质的方法

1．自信心的培养

成功的人都是自信的人。有了信心，就有了前进的勇气与力量，就有了奋斗的动力，从而能克服重重困难，战胜失败与挫折，最终取得成功。提升自信心的方法有以下几种：

（1）发现自己的优点。经常想想自己的长处，回忆自己做过的、引以为豪的事或成功的事可以增加自信心。这是树立自信心较有效的一种方式。因为个人自信的产生与形成，都是在成功实践的基础上，经过他人肯定和自我确认，逐渐树立起来。

（2）掌握一项技能。拥有一技之长的人，任何时候都不容易露怯。因为他在任何时候都有底气，知道自己有拿手本领，就算这项本领现在不能用，但至少他也有自学的能力。通过自学掌握一项技能，不仅锻炼了自己的学习能力，也能让自己在面对不了解的事物时，充满自信地说上一句：“我现在不会，但我自学能力不错，只要我努力，一定能学会！”

（3）长期积累知识。自信源于知识的积累，一个学识丰富的人，即使性格内向，少言寡语，很少和身边的人接触，他也不会认为自己被他人轻视。因为他有傲视他人的本钱。当然，积累知识是一个长期的过程，就如同自信不是一朝一夕能够培养出来的。不断地提高自己的学识，总有一天，你会无比自信。

（4）做足事前功夫。做事没有自信，是因为对事情不了解，害怕出错，害怕失败。如果充分了解要做的事，了解它的每一个步骤，了解出现问题时相应的处理方法，那么，你还有什么害怕的？俗话说，笨鸟先飞。害怕出错，就做足事前功夫，深入细致地调查要做的事，详细询问过来人的经验，有不懂的地方立刻请教他人。

（5）敢于表现自己。自卑的人，喜欢把自己“藏”在人群中，恨不得所有人都不要注意自己。想要变得自信，要让所有人都注意你。在公共活动场合，尽量坐到前排；在讨论问题的时候，尽量发表自己的观点；尽量报名参加一些集体活动，不论是野游还是探险……要给他人一个印象：也许我做的不是最好，但是我敢于尝试，我在不断进步。

2．胆量的培养

人的胆量虽然与先天遗传因素有关，但也可以通过后天的培养和训练养成。增强胆量的方法主要有以下几种：

（1）多实践、多行动。多实践、多行动就是敢于做自己想做的事。在实践和行动中磨炼自己，培养自己临危不惧、泰然自若地应付各种突发事件的能力。

（2）做自己害怕的事。在道德和法律允许的范围内，在保证生命安全的前提下，做自己害怕的事。做完之后，你会发现很多事情原来没有想象中的那么困难。

（3）多和有胆量的人接触。跟随有胆量的人，自己也将自然增强胆量，这是人生的自然规律。向有胆量的人学习，学习他们的勇敢精神和大胆行事方式是获得胆量的有效途径。

3．毅力的培养

培养坚强的毅力是事业成功的基础，也是致富的前提。以下是培养个人毅力的几种方法：① 做事情要有始有终，不能因为困难而放弃。② 加强体育锻炼。积极参加体育锻炼不仅可以增强体质，还可以增强心理承受力。③ 要一心一意做好某件事。三天打鱼，两天晒网的心态对培养毅力往往起负面影响。

（二）提升道德素质的方法

什么是道德素质？

1．诚信的培养

诚信道德素质的培养需要做到以下几点：① 认识诚信的重要性。诚信是各行各业生存的根本，坑蒙拐骗、以假乱真、以次充好不能够长久经营。消费者可能上当受骗一次两次，但不可能永久受骗。② 要以诚待人。努力做到言行一致，表里如一，做老实人，说老实话，办老实事；在职业活动中，先信人一步，不怕先吃亏。③ 以信立业。在行为做事上要“言必行、行必果”，当履行承诺的条

件发生变化时，不管有多大的困难，都要想方设法地按质按量地履行合同。

2．责任心的培养

责任心的培养需要我们从身边的小事做起。例如，对青年学生来说，立志创业，发奋学习科学知识，学习各种技能，增强创业本领，就是对自己负责任的表现。节省开销，尽力为父母、为家庭减轻负担，增强对家庭的责任感，也是对家庭尽义务的表现。力所能及地帮助有困难的同学和朋友，不乱扔脏物，遵守公共秩序、保持环境卫生，建设优美的校园和社会环境，就是对社会负责任、尽义务的表现。

在日常生活、学习及工作中，不懒惰，不怕艰难困苦，敢于承担各种责任和义务，才算是有责任心和义务感的人。

3．守法意识的培养

守法意识可通过学习法律知识来培养。学习的途径有很多，可从书本上学习，可从社会实践中学习，也可从现实生活中的一切新闻媒体中学习，广泛吸收各种法律知识，转化为自己的知识体系。

4．节俭习惯的培养

节俭习惯可通过以下几个方面来培养：① 树立崇尚节俭的意识，从自我做起，从身边小事做起。② 花钱要有计划。每年和每个月都做一个预算，年底和月底看一下花的钱和当初的预算是否吻合。另外，遇到想买的东西时，先问一下自己，是否真的有必要买，这笔钱是否在计划内，久而久之，你花钱就越来越有计划了。③ 不要攀比。不要与别人争吃穿，爱惜粮食、不挑食、不剩饭，不向家长提出过度的物质要求，不随便扔衣物、用具。④ 注重细节。打电话时不要超时，电脑、饮水机晚上睡觉时要切断电源，出门要关灯、关水等。

（三）提升专业素质的方法

1．专业能力的培养

现实社会中，任何人的创业和成功都是在某个领域或某个行业上取得的成就。没有专业特长的人，要取得创业成功，是会有很大困难的。所以，我们要提高自己的专业能力。培养专业能力需要做到以下几点：① 喜爱自己选择的专业，并努力学好专业知识，为创业打好理论基础。② 在实践中不断提高专业技能。

2．社交能力的培养

社交能力的培养

提高自己社交能力的方法有以下几种：① 找出社交的困扰。现实生活中，我们每个人在与别人的交往中都可能遇到这样或那样的困惑。因此，正确找出自身困惑来源于哪些方面，有助于对症下药，解决自身存在的问题。② 建立正确的心态。在与人交往的过程中，

面对他人与你不一样的想法，要用包容的心态去面对；遇到比自己能力强的同学、朋友，不要自卑，要学习他人的优点，同时正常发挥自己的特点及能力；不要因为与对方“不投缘”就拒绝与人交往。③ 掌握社交心理和社交技巧。大家可以多读一些待人接物方面的书籍，掌握人际交往技巧。

3. 管理能力的培养

提高管理能力需要做到以下几点：① 学会掌控自己的时间。首先是诊断自己的时间都用到了哪里。连续记录一个月，一年之内记录三到四个月。然后进行分析：哪些事情根本不必做，哪些事情可以由别人代为而不用亲力亲为，哪些事情可以通过改进方法提高工作效率。最后，消除浪费时间的活动，将有效时间用来处理重要的事情。② 学会用人所长。才能越强的人，缺点往往越多。因此，真正优秀的管理者会首先考查一个人最擅长做什么事，再根据他的长处来安排工作。③ 学会要事优先。即集中精力先处理重要的事情。④ 善于作出有效的决策。

4. 创新能力的培养

创新是创业精神的核心。学生要通过保持个性发展和好奇心、求知欲，勇于突破前人、突破书本、突破难题，自觉培养科学精神，训练创新思维，提高创新能力。

一、小组讨论

“对于创业者而言，今天是残酷的，明天是残酷的，后天是美好的，但大部分创业者都死在了明天晚上，失败的经验是没有坚持，成功的经验就是坚持。”你如何理解这段话？请同学们3～5人一组，就上述命题展开讨论，积极发表自己的见解。

评分标准：① 积极参与讨论（20分）；② 能够提出鲜明的观点（20分）；③ 提出的观点具有合理性（20分）；④ 能够大胆表达自己的想法（20分）；⑤ 语言表达流畅（20分）。

二、探索活动

自知之明活动

活动目的：

一个成功的创业者要具备很强的心理素质、道德素质和专业素质。你是否具备这样的素质？下面我们通过这个活动，使你对自己的素质有一个基本的了解。

活动内容：

（1）表5-1至表5-11是有关创业者素质的测评表，各表中的A栏和B栏均有一些表述，有一个更符合你的情况。如果A栏里的表述符合你的情况，请在A栏下面的空格中填写2；如果B栏里的表述符合你的情况，请在B栏下面的空格中填写2。在自我评价时要诚实。

表5-1　独立自主素质测评

	A	B	
	我不惧怕问题，因为问题是生活的组成部分，我会想办法解决每一个问题	我发现解决问题很难。我害怕这些问题，或者干脆不想它们	
	我不会等待事情的发生，而是努力促使事情发生	我喜欢随波逐流并等待好事降临	
	我总是尝试做一些与众不同的事情	我只喜欢做我擅长做的事情	
	在行动上很少受他人影响和支配，能按自己主张决策贯彻到底	在行动上会受他人影响，觉得对方意见好，就会按照别人的想法去做	
	当我遇到困难时，我会尽全力去克服困难	如果我遇到困难，我试图忘掉它们，或等待其自行消失	
	总　计	总　计	

表5-2　冒险素质测评

	A	B	
	我坚信，要在生活中前进必须冒风险	我不喜欢冒风险，即便有机会得到很大的回报也是这样	
	我认为风险中也蕴含机会	如果可以选择，我愿意以最稳妥的方式做事	
	我只有在权衡了利弊之后才会冒风险	如果我喜欢一个想法，我会不计利弊地去冒风险	
	即使投资于自己企业的资金亏掉了，我也愿意接受这样的现实	投资于自己企业的资金可能会亏掉，我难以接受这样的现实	
	不论做任何事，就算我对这件事有足够的控制权，我也不会总是期待完全控制局面	我喜欢完全控制自己所做的事情	
	总　计	总　计	

表5-3　顽强执著、坚定信心素质测评

	A	B	
	即使面对极大的困难，我也不会轻易放弃	如果存在很多困难，真的不值得为某些事去奋斗	
	我不会为挫折和失败沮丧太久	挫败和失败对我的影响很大	
	我相信自己有能力扭转局势	一个人能力有限，运气起很大的作用	

（续表）

	A	B	
	如果有人对我说不，我会泰然处之，并会尽最大的努力改变他们的看法	如果有人对我说不，我会感觉很糟并会放弃这件事	
	在危急情况下，我能保持冷静并找出最佳的应对办法	当危机升级时，我会感到慌乱和紧张	
	总　计	总　计	

表 5-4　诚信品质测评

	A	B	
	我言行相符，我所做的即是我心理所想的	我所想的和我表现出来的行为往往不相符	
	在路上拾到钱包后会主动归还给失主	在路上拾到钱包后据为己有	
	乘坐公共汽车或地铁时从不逃票	常常为逃票而沾沾自喜	
	对别人承诺的事情一定要做到	会经常因为某些原因而未能履行对他人的承诺	
	认真完成老师布置的每一次作业	觉得作业完成得差不多就行，没必要追求精益求精	
	总　计	总　计	

表 5-5　责任心品质测评

	A	B	
	在公交车上，见到老人会主动让座	在公交车上，见到老人上车，视而不见	
	外出时，找不到垃圾桶，会把垃圾带回家	外出时，找不到垃圾桶，随便找个隐蔽的地方将垃圾扔掉	
	节省开销，尽力为父母、为家庭减轻负担	只要是自己喜欢的就会购买，从不考虑自身的经济实力	
	经常帮助有困难的同学和朋友	很少帮助有困难的同学和朋友	
	发奋学习专业知识，学习各种技能	学习不是首要的事，经常和同学逛街、上网、唱歌	
	总　计	总　计	

表 5-6　守法律己品质测评

	A	B	
	有令必行，敢于担当	做事找借口，推卸责任	
	在生活学习中严格要求自己	差不多就行，从不严格要求自己	
	严格遵守校纪校规	经常违反校纪校规	
	熟悉法律，依法办事	不了解法律，触犯法律自己却不知情	
	能控制自己的情绪、行为和习惯	不能控制自己的情绪、行为和习惯	
	总　计	总　计	

表 5-7 勤劳节俭品质测评

A		B	
	花钱有计划，合理分配每月的生活费	每月的生活费都不够花	
	爱惜粮食、不挑食、不剩饭	经常将吃不完的饭菜扔掉	
	出门关灯、关水	出门后忘记关灯、关水	
	会节省开销	只要是自己喜欢的就会购买	
	不与别人比吃穿	别人有的，我也要有	
	总 计	总 计	

表 5-8 专业素质测评

A		B	
	热爱自己所学的专业	对自己所学的专业毫无兴趣	
	努力学习专业知识，学习各种技能	学习不是首要的事，经常和同学逛街、上网、唱歌	
	除学习课本知识，还经常参与课外实践	很少参与课外实践	
	一次性通过各科考试，没有“挂科”的现象	偶尔会有“挂科”的现象	
	非常精通自己所学的专业	对专业知识一知半解	
	总 计	总 计	

表 5-9 社交能力测评

A		B	
	我与别人沟通得很好	我与别人沟通有困难	
	很喜欢当众演讲	为自己的演讲水平不佳而苦恼	
	喜欢结交朋友，参加社交活动	朋友很少，很少参加社交活动	
	愿意做会议主持人	做主持人就发怵	
	喜欢在宴会上致祝酒词	不喜欢在宴会上致祝酒词	
	总 计	总 计	

表 5-10 管理能力测评

A		B	
	喜欢做大型活动的组织者	不擅长大型活动的组织	
	做事情有计划，无论何时何地，都能有目的地行动	做事情没有计划，想到什么就做什么	
	一旦需要作出决定，我常能尽快地做出决定做什么	我尽可能长地推迟做决定的时间	
	能经常思考对策，扫除实现目标的障碍	很少进行思考、总结	
	能严格约束自己的行动	不能严格约束自己的行动	
	总 计	总 计	

表 5-11 创新能力测评

	A	B	
	我擅长讲笑话、说趣事	我不擅长讲笑话、说趣事	
	有想法，喜欢尝试新事物	从来不做那些自寻烦恼的事	
	遇到问题能从多方面探索它的可能性，而不是拘泥于一条死路	认为按部就班、循序渐进才是解决问题的方法	
	不拘泥于一成不变的生活	喜欢传统的、稳定的生活方式	
	总是想办法说服别人接受自己的观点	喜欢接受别人的观点，而不是说服他人接受自己的观点	
	总　计	总　计	

你的得分：

将每项素质的得分相加后，分别填入表 5-12 中 A 栏和 B 栏对应的框里，然后在相应的位置打“√”。如果你 A 栏得分为 6～10 分，说明你在这些方面的能力和素质是你的强项，请在“强”下画面“√”。如果你 A 栏得分为 0～4 分，说明你在这些方面的能力不太强，请在“不太强”下画面画“√”。如果你 B 栏得分为 0～4 分，说明你在这些方面的素质或能力有点弱，请在“有点弱”下画面画“×”。如果你 B 栏得分为 6～10 分，说明你在这些方面的素质或能力是弱项，请在“弱”下画面“×”。A 栏得分高，说明你在组织和经营企业方面很可能取得成功。

表 5-12 创业素质评价表

素质	A	强（6～10 分）	不太强（0～4 分）	B	有点弱（0～4 分）	弱（6～10 分）
独立自主						
敢于冒险						
顽强执著、坚定信心						
诚实守信						
责任心						
守法律己						
勤劳节俭						
专业能力						
社交能力						
管理能力						
创新能力						

如果你 A 栏的总分为 60 分或更高，说明你具备较高的创业素质。

如果你 B 栏的总分为 60 分或更高，说明你需要对自己的弱项加以改进，将弱项转变

为强项。

（2）自我测试后，请你的同学或朋友利用上面的表格再对你进行一次评价，比较两次评价的结果，能够更客观、准确地评价你的创业素质。

（3）写一份《我所具备的创业素质》的报告，约800字，针对不具备的创业素质要写出具体的改进措施。

活动检测：

活动结束后，教师可根据表5-13的内容为个人进行打分。

表5-13 探索活动评价表

评分标准	满分	实际得分	备注
能客观准确地描述自己	20		
能针对自身问题提出有效的解决方案	20		
报告撰写认真、符合要求	20		
能积极参与活动	20		
其他	20		
总　分	100		

三、能力训练

1. 自信心训练

（1）仔细回想一下从小到大让你感到自豪和有成就感的事情，写得越多越好。写完后，按照你的自豪程度对这些事情进行排序，把你觉得最自豪的事情排在前面，然后逐个分析一下这些事情，问自己以下几个问题：① 在这件事里，我做了什么？② 在这件事里，我发现了什么？③ 做完这个练习，我对自身的能力有何发现？

（2）举行演讲比赛。演讲内容不限主题，演讲时间为5分钟。个人演讲完后，同学可根据演讲内容进行提问。最后由老师和同学共同选出最优秀的演讲者。通过这个比赛，能克服学生胆怯的心理，提高学生的表达能力、应变能力，增强学生的自信心。比赛结束后，老师可根据以下要点对学生进行评分：① 积极参与活动（20分）；② 表达能力强（20分）；③ 应变能力强（20分）；④ 表情自然、不拘谨（20分）；⑤ 语言表达流畅（20分）。

2. 毅力训练

（1）坚持每天固定时间跑步，或进行其他身体锻炼活动。因为身体是革命的“本钱”，毅力必须以健康的身体为基础或保证。

（2）步行到十家企业或用人单位求职，并总结经验和感受。

（3）克制欲望的满足，身上时常少带钱或不带钱，过俭朴的生活。

（4）每周定期整理自己的衣物，养成勤劳的习惯。

（5）制定作息时间表，生活一定要有规律。

3. 专业能力训练

（1）意识到专业学习的重要性，努力学好自己的专业知识。

（2）多看一些与专业相关的书籍，以开拓自己的思维。

（3）多参与实践活动，在实践的基础上，不断地创新理论。

4. 社交能力训练

（1）记住他人。了解并记住他人是社交中的一项基本技能。在第一次见面后，就能记住他人的名字及爱好等，是对他人的尊重。在第二次见面后，若能直接叫出对方的名字，会让对方对你产生好感。活动步骤如下：① 分小组，10 人一组。② 小组成员围成一个圈。任意一个人说出自己的姓名、喜欢做的事情，第二个同学轮流介绍，但是要说出第一个同学的名字及爱好，然后说出自己的名字及爱好，如："××喜欢××、××。我是××，我喜欢××。"第三个同学要分别说出前两个同学的名字及爱好，然后介绍自己。最后介绍的一名同学要将前面所有同学的名字和爱好复述一遍。

活动结束后，老师可根据以下要点对学生进行评分：① 积极参与活动（25 分）；② 表达能力强（25 分）；③ 能准确说出其他同学的爱好（25 分）；④ 语言表达流畅（25 分）。

（2）欣赏赞美他人。人不是完美的，只有学会欣赏别人的优点，在人际交往中才会受欢迎。活动步骤如下：① 分小组。② 先请一个人站在前面或中间，大家轮流赞美他（她）的优点。③ 由一个人将大家的赞美写在他（她）事先准备好的本子上，并签上每个同学的名字。④ 评出优秀小组。

活动结束后，老师可根据以下要点对学生进行评分：① 积极参与活动（30 分）；② 表达能力强（30 分）；③ 能恰当地说出他人的优点（40 分）。

5. 管理能力训练

（1）组织同寝室的朋友，进行一次座谈，制定出本寝室的规章制度。

（2）向校、院或系学生会提出倡议，组织一次学习方法、就业或创业研讨会，并聘请有关人士作指导、报告。

（3）参加班、院、校学生干部的竞聘，如果受聘担任了学生干部，就要利用职权，热心为同学服务，争取各种锻炼机会，每个月至少为同学们组织一次集体活动。如果没担任学生干部，也可以向班长或团支书提议，或向全班同学发出号召、倡议，组织大家进行一次春游、会餐或舞会等。

6. 创新能力训练

（1）将全班学生分成若干小组，每组 4～6 人。

（2）每小组从以下题目中选择一个题目，进行讨论：

① 在美国的一个城市里，地铁里的灯泡经常被偷。窃贼常常拧下灯泡，从而导致安全问题。接手此事的工程师不能改变灯泡的位置，也没有足够的预算供他使用，但他提出

了一个非常好的解决方案。请问，他提出的是什么方案呢？

② 在一个小镇里有四家鞋店，它们销售同一系列、同一型号的鞋子，然而，其中一家鞋店丢失的鞋子是其他三家平均每家的 3 倍。为什么会出现这种情况，又如何解决这个问题呢？

③ 一个人以一打 5 美元的价格购进椰子，然后以一打 3 美元的价格售出，凭借这种做法他成了百万富翁。这到底是怎么回事？

（3）训练结束后，老师可根据以下要点对学生进行评分：① 积极参与讨论（20 分）；② 能够提出足够多的答案（20 分）；③ 提出的答案具有合理性（20 分）；④ 能够大胆表达自己的想法（20 分）；⑤ 语言表达流畅（20 分）。

四、影片推荐

推荐同学们观看网上视频：《中国合伙人》。

该影片主要讲述了从 20 世纪 80 年代至今，三个年轻人从学生年代相遇、相识，拥有同样的梦想至一起打拼事业，共同创办英语培训学校的创业励志故事。他们在创业的过程中曾不被人看好，也遇到过很多困难，但是，在经历了很多磨难后最终获得了成功。该影片向人们展示，只要有梦想、有信仰，就一定能取得创业成功。

看完影片后，请思考以下问题：

（1）电影中，成东青、孟晓骏、王阳为什么能创业成功？

（2）他们三个分别具有哪些创业者的素质？

（3）结合影片说说创业素质对创业成功的重要作用。

第二节　创业团队组建与管理

- 了解创业团队的概念、组成要素。
- 掌握组建优秀团队的要点。
- 能够分析创业团队要素。

名人语录

指出谁是团队里最差的成员并不残忍，真正残忍的是对成员存在的问题视而不见，文过饰非，一味充当好人。

——通用电气公司的前总监杰克·韦尔奇

问题导入

企业的创建者可以是个人，也可以是团队。通常是一些有着共同愿景和价值观的人，怀着对梦想的渴望而走到一起，形成了最初的创业团队。他们通过对资源和生产要素的重新组合，来开发自己的产品或服务，满足市场人们的某种需求，这时，企业就诞生了。在进行下面的学习之前，请同学们思考以下问题：

（1）为什么投资者特别重视团队建设？

（2）组建团队只是为找到志同道合的人吗？

（3）组建团队应注意什么？

知识链接

一、创业团队的概念

团队就是合理利用每一个成员的知识和技能协同工作，以解决问题、达到共同目标的共同体。而创业团队就是由少数技能互补的创业者组成，为了实现共同的创业目标，为达成高品质的结果而努力的共同体。

二、创业团队的组成要素

创业团队需具备目标、人（People）、定位（Place）、权限（Power）和计划（Plan）五个重要的组成要素，简称 5P。

1. 目标

创业团队应该有一个既定的共同目标，为团队成员导航，知道要向何处去。没有目标，这个团队就没有存在的价值。目标在创业企业的管理中以创业企业的远景、战略等形式体现。

2. 人

人是构成创业团队最核心的力量。三个及三个以上的人就形成一个群体，当群体有

共同奋斗的目标时就形成了团队。

目标是通过人员来实现的，所以人员的选择是创业团队中非常重要的一个部分。在一个团队中可能需要有人出主意，有人定计划，有人实施，有人协调不同的人一起去工作，还有人去监督创业团队工作的进展，评价创业团队最终的贡献，不同的人通过分工来共同完成创业团队的目标。

3. 定位

创业团队的定位包含两层意思：

（1）创业团队在企业中处于什么位置，由谁选择和决定团队的成员，创业团队最终应对谁负责，创业团队采取什么方式激励下属。

（2）成员在创业团队中扮演什么角色，是制订计划还是具体实施或评估。

4. 权限

创业团队中领导人的权力大小与其团队的发展阶段和创业企业所在行业相关。一般来说，创业团队越成熟，领导者所拥有的权力相应越小；在创业团队发展的初期，领导权相对比较集中。

5. 计划

创业团队的计划包含两层意思：

（1）由于目标的最终实现需要一系列具体的行动方案，因此，可以把计划理解成达到目标的具体工作程序。

（2）只有在有计划地操作下，创业团队才会一步一步地贴近目标，从而最终实现目标。

三、组建优秀创业团队的要点

由于组建创业团队的基石在于创业远景与共同信念，因此创业者需要提出一套能够凝聚人心的远景与经营理念，从而形成共同的目标与企业文化。一般而言，要组建一个优秀的创业团队，应特别注意以下几点。

1. 彼此了解

创业团队的所有成员都应该相互非常熟悉，知根知底。《孙子兵法》云：“知己知彼，百战不殆”，在创业团队中，团队成员都应非常清醒地认识到自身的优劣势，同时对其他成员的长处和短处也一清二楚，这样可以很好地避免团队成员之间因为相互不熟悉而造成的各种矛盾、纠纷，从而强化团队的向心力和凝聚力。

2. 相互信任

信任是解决分歧、达成一致的唯一途径。青年学生创业团队不仅要志同道合，更需彼此信任。最初创业时，要把最基本的责、权、利说得明白透彻，尤其股权、利益分配，包括增资、扩股、融资、撤资、人事安排及解散等。这样在企业发展壮大后，才不会出现因利益、股权等的分配分歧产生矛盾，导致创业团队的解体。

3．理念一致，目标相同

所有团队成员都必须认同大家共同确定的创业目标、分配制度、管理制度、企业发展战略、经营理念、企业文化等，都必须保持对企业长期经营的信心。

4．取长补短，相得益彰

建立优势互补的创业团队是保持创业团队稳定的关键。要使创业团队发挥最大的能量，在创建团队时不仅仅要考虑成员之间的关系，更重要的是考虑成员特点之间的互补性，如彼此之间性格、经验、专长、技术等的互补，以此来达到团队的平衡。

一般来说，一个优秀的创业团队必须包括以下几种人：

（1）一个很好的“领袖”。此人必须能够高瞻远瞩，能够为企业制定明确的战略、战术；必须有很好的人品，处事公正，能够服众，能够团结整个团队；还必须具有很好的协调能力，能够及时化解团队成员的矛盾。

（2）一个很好的“管家”。此人主要负责企业的日常运营及各项规章制度的制定。由于企业日常事务非常琐碎，因此，此人必须心思缜密、工作细致。

（3）一个很好的“财务总管”。资金是企业的生命线，因此，创业团队中最好有一个好的“财务总管”，能合理地安排企业收支，帮助企业融资。

（4）一个很好的“营销总监”。我们经常说，产品是基础，营销是龙头。如果营销不行，产品就不能变成钱，企业只有关门大吉。

此外，如果创业企业是一个技术类企业，可能还需要一个很好的技术专家，从而帮助企业不断地将技术或产品推陈出新，始终站在行业的前沿。

四、创业团队的管理

创业团队管理的重点是在维持团队稳定的前提下发挥团队的多样性优势。有效的团队管理能使各个本来分散的个体和具有不同能力、不同个性的人，组成一个有共同目标、相互协调的整体。团队管理就是要使团队具有不断改善、不断革新的精神，使每个人的才能不能停留在原有水平上，从而不断地发展和增强，达到“1+1>2”的效果。进行创业团队的管理，主要从以下几方面进行。

（一）打造团队精神

团队精神是各个成员的精神支柱，是创业成功的基石。和谐向上的团队精神能充分调动团队成员的团队意识，使其相互理解和支持，为实现团队的目标服务。

1. 重视团队精神

一个没有团队精神的团队或企业，一切美好的想法和愿望都将成为“零”；没有团队意识的员工，无论学历有多高、技术有多精，对企业来讲都是“零”。只有具备团队精神的团队，才会形成一种无形的向心力、凝聚力和创造力。

2. 形成团队精神

如何培养团队精神？

第一，培养团队成员的敬业精神。要做到敬业，就要求创业者具有“三心”，即耐心、恒心和决心。任何事情都不是一蹴而就的，不可只凭一时的热情、三分钟的热度来做，也不能在情绪低落时就马马虎虎、应付了事。特别在创业初期，要勇敢地面对并解决困难，而不是一遇到困难就退缩。

第二，建设学习型团队。每个成员的学习、每次团队的讨论，就是团队成员思想不断交流、智慧火花不断碰撞的过程。如果团队中每个成员都能把自己掌握的新知识、新技术、新思想与其他团队成员分享，集体的智慧势必大增，团队的学习力就会大于个人的学习力，团队智商就会大大高于每个成员的智商，从而达到整体大于部分之和的效果。

第三，建设竞争型团队。竞争型团队必须具有竞争意识，敢于正视自己，敢于面对强手。竞争型团队要提高自身水平和技能，能有效完成团队任务。在建立内部竞争机制时，要注意成员之间的关系是建立在理性基础上的竞争，而不是斗争。协作是团队的核心，要用争论来激活团队的气氛，激发成员的竞争意识；要以发展来吸引人，以事业来凝聚人，以工作来培养人，以业绩来考核人，用有情的鼓励和无情的鞭策让团队的每个成员都能以积极的心态工作，实现自我和超越自我，最大限度地发挥团队威力。

3. 塑造团队文化

高效的团队注重文化的塑造，尤其是共同价值观的培养。团队文化是由团队价值观、团队使命、团队愿景和团队氛围等因素综合在一起而形成的。塑造团队文化的关键就是在团队形成与发展的过程中确立团队价值观、团队使命和团队愿景，并以此为基础逐渐形成相应的团队文化氛围。

（二）设置创业团队的组织结构

设置创业团队的组织结构时，必须以团队的战略任务和经营目标为依据，具体要注意以下几点。

1. 权责分明

团队的任何一项工作都离不开其他人的配合，只有协作配合好，才能顺利完成管理工作。对于初创的创业团队，人员分工一般都比较粗放，很多事情不分彼此，一起决策、共同实施。但一定要注意落实责任、权责分明，避免出错或者失误后互相推诿，造成团队成员之间的矛盾。

2. 分工适当

分工并不是越细越好，分工过细会导致工作环节的增加，往往引起工作流程延长，会削弱分工带来的好处。解决扯皮的事情关键是整个团队或成员要在团队精神的指导下相互协调，以完成总体目标。

3. 适时联动

适时联动是为了完成特定任务，成立打破部门分工、跨越部门职能的专门工作小组。小组成员具有双重身份，既要向本部门主管汇报工作，又要向跨部门小组组长负责。

这种模式适用于已经具有一定规模的创业企业。创业团队初期由于没有专门的跨部门功能小组，各成员各司其职，在企业规模不是很大的情况下，运行状况还比较好。但是随着企业规模的不断扩大，尤其在新产品更新速度不断加快和一些比较重大的项目上，缺乏全盘的统筹和协调，会造成企业运转困难。因此，一个专门负责新项目或一些重大项目的组织协调工作的机构就显得尤为重要。

当有新项目时，组织各职能部门职员成立一个跨部门的功能小组，小组成员在向本部门主管负责或报告的同时要向小组组长报告该项目所辖职能的进展状况，直到项目完成，小组解散。这样，跨部门功能小组在组长的协调下，就能充分发挥团队精神，提高工作效率。

初创团队合理股权结构是怎样的？

（三）优化创业团队的运作机制

1. 做好决策权限分配

创业团队内部要妥善处理各种权力和利益关系，确定谁适合于从事何种关键任务和谁对关键人物承担什么责任。在治理层面，主要解决剩余索取权和剩余控制权的问题。同时，还必须建立进入机制和退出机制，约定以后团队成员退出的条件和约束，以及股权的转让、增股等问题。

提　示

剩余索取权是一项索取剩余（总收益减去合约报酬）的权力，也就是对资本剩余的索取。简单地说是对利润的索取，即经营者分享利润。剩余控制权是相对于合同收益权而言的，是指对企业收入在扣除所有固定的合同支付（如原材料成本、固定工资、利息等）的余额的要求权，简单地说就是对纯利润的控制权，如使用、支配、处置等权能。

而在管理层面，最基本的原则有三条：一是平等原则，制度面前人人平等；二是服从原则，下级服从上级，行动要听指挥；三是秩序原则，不能随意越级指导，也不能随意越级请示。大学生创业团队内部的管理界限没有那么明显，但一定得把决策权限厘清，做到有权有责。

做好员工激励的 11 个方法

2．制定员工激励办法

创新团队需要妥善处理创业团队内部的利益关系。大学生创业的资金筹措本来就是难题，分配就更应合理谨慎。团队的管理者要认真研究和设计整个团队的报酬体系，使之具有吸引力，并且使报酬水平不受贡献水平的变化和人员增加的限制，即能够保证按贡献付酬和不因人员增加而降低报酬水平。

3．建立业绩评估体系

业绩考核必须与个人的能力、团队的发展、扮演的角色和取得的成绩结合起来。传统的绩效评估体系和绩效管理只关注个人绩效如何，而不去考虑个人绩效与团队绩效的结合。造成这种状况的原因多种多样，包括评估不及时、各方意见不能真实反映实际情况、评估含糊不清、易掺入情感因素、忽略了被评估人的绩效给他人带来的影响等。成功的绩效管理不再限定于只注重个人的绩效，而是更加注重整体表现。这样的交流能让员工个人了解团队合作的重要性，个人需要不断进行自我调整，以适应不断变化的环境和业务发展。

什么是绩效考核体系？

一、小组讨论

1．以历史文学名著《西游记》中的唐僧师徒为例，阐述创业中领导者的重要性以及领导者的魅力所在，目的是使准创业者明白自己身上肩负的责任。

2．三国时期的蜀国相比魏国和吴国，可以说是依靠创业团队建立国家的特例，刘备、关羽、张飞在《三国演义》中被打上了强烈的个人标签。作为创业团队来讲，蜀国这个团队，到底是成功的还是失败的呢？请同学们就该问题展开讨论。

评分标准：观点新颖（25 分）、分析透彻（25 分）、逻辑清晰（25 分）、语言流畅（25 分）。

二、能力训练

1．如果你是一个团队领导者，将如何组建一个优秀的创业团队。请对以下问题进行说明：

（1）创建企业的类型、经营范围和消费群。

（2）对团队中每人的工作和职责进行描述。

（3）每个成员在创业过程中将如何做到相互配合。

评分标准：岗位设置合理（30 分），职责明确（30 分），员工之间能相互配合（40 分）。

2．假设你自己创办了一个小公司，雇了 4 名员工（2 名全职、2 名兼职）。你的这些员工都很可靠，只是有一名全职员工虽然工作做得不错，但经常迟到，还总是请假。这种情况影响了其他员工，并且影响到了整个公司的士气和规范管理。根据上述问题，找出解决方法。

评分标准：找出的解决办法越多、越具有可行性得分越高。

第三节　大学生创业团队经典案例

案例一　三个大学生的艰辛创业路

在城阳有这样三个人，他们怀揣着梦想在大学相遇，同样作为好友走上“创业路”，现在主要做装修设计。现在三个人也算小有所成，可用他们自己的话说，这条“不归路”才刚刚起步。

三个大学生组团走上创业路

许振、闫志伟和刘福是青岛理工大学琴岛学院的学生，全是“90 后”。其中刘福在土木工程系主修工程管理，是他们的创业发起人，在公司主要负责工地；许振和闫志伟在艺术系主修室内设计，不光是同班同学还是室友，主要负责设计。

2012 年春天，怀揣创业梦想的刘福找到了室内设计系成绩优异的许振和闫志伟，希望他们能一起创业，发挥专业所长。提到刚决定创业时，许振笑着说，“当时就在我们宿舍谈的，当时就想他是个挺靠谱的人，做事也很周到，不管成与不成，都一起试试吧！就这样，走上了这条‘不归路’。”一年前，他们三个成为合伙人，又从财务等专业寻找了一起创业的同学，组成了自己的装修工作室。

骑自行车“零装备”就敢跑客户

创业初期肯定是艰苦的，尤其是对几个毫无社会经验的大学生。闫志伟说，那时候他们着实办了很多现在想来挺二的事儿。“去年松树庄社区回迁，我们到处打听了哪天交钥匙，到了那天我们几个蹬着自行车就跑去谈客户了。跟人谈的时候，人家觉得我们是大学生不可信，根本不给我们机会，反正当时挺狼狈的。”

许振说，刚创业的时候，为了省钱，很多苦力活都是自己干。“其实我主要是负责设计，但有时候工地上忙不开，就过去帮忙，经常会搬建材，每个人手上都有老茧。一张 2.4 米×1.2 米的木工板，扛上一层楼是一块钱，瓷砖也是，一箱搬上一层要一块钱。当时我就想，搬上五楼就能省五块钱，够吃一顿饭了！有时候想想自己怎么那么‘抠’，还挺嫌弃自己的。”

同时干 20 多个工地，一年三人全瘦了

创业的头两个月，他们每天起早贪黑出去跑，但是一个客户都没有谈成。后来，他们集中力量在黄家营社区拿下了一个工地，把工程干出来后，一下子得到了大家的认可。刘福回忆，“那是最让人兴奋的一段时间，每天都有客户来找我们装修，最终那个单元的所有住户都是我们装修的。”

就这样，他们一下子接了 20 多个工地，每天早上 6 点到工地，晚上 10 点回宿舍，回宿舍以后还要设计图纸、算价格，每天忙得只能吃上一顿饭。许振说，那时候虽然每天都很累，但心里感觉很踏实。就这样忙忙碌碌地奋斗了一年，每个人都瘦了，许振和闫志伟瘦了十几斤，刘福瘦了 20 多斤。

“我们还在路上，想开大公司”

现在，他们三个已经成为学校里的创业明星。谈及自己的理想，他们三个人肯定地告诉记者，他们的目标在更远的路上。闫志伟说：“最近也看了《中国合伙人》，觉得很多东西很有共鸣，但创业的经历体会下来，现实比电影里要更残酷。这一年来，我们赚过钱，也赔过钱，吃过苦，也走过弯路，现在公司虽然发展起来了，但还属于小公司，缺乏人才，没有完善的管理制度，面临一个发展的瓶颈。”

“最近连续五天，我们晚上都聚在一起开会，想未来的发展方向。我们想把公司做出规模，也曾开玩笑，等我们把公司做成国内最好的生态装饰大品牌，谁是大华北区总裁，谁是华南区总裁。近期公司也会扩大增资，接下来做更大的工程项目。”刘福说，现在他们希望能给更多的人把家装修得“像个家”，把公司做得对社会有好的影响。现在也希望为在校的学弟学妹做点事，将来公司会作为学校艺术系的实习基地，帮助更多有创业梦想的同学。

资料来源：张德山．大学生创业教育案例分析．镇江：江苏大学出版社．

【案例点评】

一个成功的创业者往往有一个成功的团队，而且团队的力量在整个创业过程中发挥着至关重要的作用。本案中，团队成员有着共同的目标，为了这个共同目标，他们各司其职、相互协调、踏实肯干，进而在团队中发挥最大效用，这是值得我们在日常工作和学习中借鉴的。

案例二　三个大学生拍毕业照赚钱，两个月入账 40 万

大学毕业只有一次，而千篇一律的毕业照，已无法满足现在追求个性的大学生的需求。

当你看到网络上一张张充满创意的毕业照时，却有三个小伙子为了这精彩的一瞬间付出了两个多月的努力，而且也收获了巨大的回报。安庆某学校学生杨某、姚某和宋某在毕业之际利用创意毕业照这一商机，仅用了两个月时间就赚得 40 万元。

4 月份是学校毕业生集中返校论文答辩和拍摄毕业照片的时候。从这一时间开始，杨某每天早上都被电话叫醒——毕业班的同学纷纷找他咨询和联系拍照事宜。召集摄影团队之后，从早上七点半开始，按照流程单上的班级逐个拍摄毕业照，摆造型、想创意，每天几乎从日出拍到日落，晚上还得分类整理拍摄的服装及照片，整理完后已快零点，然后整个团队还要商量第二天的工作安排，凌晨才能睡觉。“就这一段时间，整个人感觉像打了鸡血一样在工作。”杨某说道。

毕业季开始后，他们所在学校的 100 多个毕业班级中，有 73 个班级找到杨某团队拍毕业照。他们三个人不仅仅提供服装拍毕业照，还负责将照片制作成相册，同时还将其中一些照片制作成纪念品，最后还承担班级毕业聚会的拍摄任务。“整个一条龙服务，忙完一个班级，已经累得不行了。”姚某说道，最忙的时候他们一天拍了 20 个班级的毕业照。他们向每个学生收费 120 元，短短两个月不到的时间，他们三个人已经收入 30 多万元。不仅如此，他们还到黄山学院去拍摄毕业照，挣得 10 多万元。

“虽然那段时间异常辛苦，但这也是我人生第一桶金。”杨某说，随着毕业季的逐渐离去，生意也会迎来淡季。去年他给毕业十年后回到母校的思政专业校友做过服务。今年他也从中受到启发，想到了校友服务这一新业务，把业务范围从“在校时”拓展到了“毕业时”和“毕业后”，去做校友们的回校“接待员”，给他们安排衣食住行游购娱一条龙服务。

资料来源：网易新闻中心

【案例点评】

创业是极具挑战的一项活动，创业的过程是辛苦的。如果创业者没有共同的目标和理念，很容易半途而废。本案中，三个大学生为了共同的理想和目标，牺牲了个人的休息时间，常常工作到凌晨。他们努力工作，同甘共苦，挣得了人生的第一桶金。

案例三 资金不够一起凑，仨“90 后”上演长春版“中国合伙人”

在电影《中国合伙人》中，“土鳖”黄晓明、“海龟”邓超和“愤青”佟大为，因为拥有同样的梦想而一起打拼事业，共同创办英语培训学校，最后功成名就实现梦想。在长春，有三个“90 后”也上演着“中国合伙人”式的故事，他们合伙开了一家科技公司，目前正在研发一种智能激光清雪设备，还梦想有一天公司能上市。

创业梦　仨“90后”组成“中国合伙人”

郑某，女，1991年生；小宿，男，1993年生；刘某，男，1991年生。据介绍，郑某有过在世界500强企业工作经历，而另外两名男孩则有过海外求学经历。郑某跟小宿是多年的好朋友，而小宿和刘某则是同学，创业前他们常聚。

三个人中，郑某性格最爽朗，但骨子里却没有那两位从国外“镀金”回来的放得开。“跟他们俩接触，我思想转变挺大的。”郑某坦言，她以前做事情，总是先考虑赚钱。“物质的东西在意多一些。”但小宿和刘某聊的都是“回馈社会”“改变世界”这些让她激情澎湃的话题。三个人都有着共同的创业梦。2014年，他们成立了一家科技有限公司，组成了“中国合伙人”。

创业初　生意陷困境一起喝酒三天

创业之初，他们有着共同想法：把国外较为先进的技术带回来，再创新变成真正有意义和价值的产品。他们研发的第一个产品是车载健康枕，资金是创业中遇到的最大难题。三个人倾囊而出，凑了近40万元，作为公司的启动资金。2014年年末，当第一批产品投入生产之前，资金链断了。三个人再凑，两个男孩去跟朋友借钱，郑某则把房子抵押到银行去贷款。他们想的是：产品生产出来之后，两三个月资金就能回笼，借的钱就可以还上了。

但由于对市场了解不够，健康枕生产出来之后，销量跟他们想象中的差得很远，价格也达不到预期。产品销不出去，资金全押在里面，生意陷入困境。“我们三个真想坐在地上哭啊！”郑某说，“我们在一起喝了三天的酒，把我爸的一桶10斤的酒全喝光了。”发泄了之后，三个人又重新上路。“从没动摇过，我们在一起聊的，只是总结经验，研究怎么把东西卖出去。”郑某说。

创业帮　生意不错感情仍然很好

公司刚成立时，股东只有郑某和小宿，刘某只是来帮忙。哥们儿式合伙，仇人式散伙，是许多企业最常见的聚散模式，也是三个人最为担心的。“生意没做成，朋友还掰了，这是我们最不愿看到的结果。”郑某说。

现在，他们共同创业已有三年时间了，生意不错，感情仍然很好。郑某骨子里挺“男人”，比较直，有什么说什么；刘某性格也比较急躁，但一般不发火，比较严谨；小宿性格平和，有耐心，能包容人。“我们经常一起工作到很晚，但总能说说笑笑的，很开心，感觉像在一个宿舍生活一样。”郑某说。

创业路　正在研发激光清雪设备

目前，刘某正在北京开展业务。小宿是技术负责人，他介绍了目前研发的智能激光清雪新技术。小宿说，长春这两年冬天雪很大，机械除雪对路面会造成破坏，而且融雪剂对路面及树木也有伤害。他们研发的智能激光清雪设备，激光束离地 50 厘米即可清雪。它的优势是：第一，能耗小，只相当于一个电吹风；第二，不需要任何融雪剂，对路面不造成任何破坏；第三，能解决机械清雪解决不了的问题，可以清除冰雪混合物；第四，可以清除电线杆上的纸质小广告及外墙上的涂鸦等。目前这项技术已经通过认证，样机很快就会出来。这项技术在全世界都是很新的。

创业经　想创业要跟着政策走

创立半年后，公司进入创业园，这时他们才发现走了不少的弯路。“我们刚开始回国的时候，只知道埋头苦干，没有去看政府的政策，后来才知道这样越做越错。”郑某说，创业困难无非就是三点，资金、人才和市场。他们经历了许多创业者都经历的错事——不懂市场。“只知道自己有技术，但不去考虑后果，没有试水的经验。”郑某说，进驻创业园之后，享受到了较低的房租价格，后来干脆申请了房租减免。

另外，政府有关部门还会帮助申请一些创业贷款以及业务指导，这些都是之前他们不了解的。

资料来源：张德山．大学生创业教育案例分析．镇江：江苏大学出版社．

【案例点评】

正所谓“物以类聚，人以群分”，如果我们身边聚集的都是一些有价值的人，那么我们的价值也能从他们身上得到体现，这种团队的合作精神非常值得称道。本案中，三个合伙人遇到挫折后能够很快调整心态，重新振作；性格互补，创业三年感情仍然很好；敢冒风险，敢于引进最新技术；善用政策，跟着政策走。这些都是他们创业成功值得借鉴的经验。

第六章

创业资源与融资

自我思考：

创业资源无处不在，而如何获取资源是创业成功的关键。自身是创业最基本的内在资源，要通过对自身资源的充分挖掘来实现；外部资源也是创业成功的关键资源，外部资源需要用更巧妙的方式去获取。

请同学们想一下，创业需要哪些内部资源和外部资源？如果企业不具备某类创业资源该如何去获取？

开篇故事

尤伯罗斯的资源整合

20世纪50年代，一位正在纽约读大学的小伙子回到了位于伊利诺伊州的家乡，当时他的父亲正在一条交通要道旁建造房子，但因为资金估算不准确，房子建了一半就没钱了。“等攒够了钱再继续施工。”他的父亲无奈地说。小伙子里里外外地仔细看了看后说：“虽然我们自己没钱了，但是可以用别人的钱来盖这栋房子的房顶。”“你是说去借？不行，能借到的在之前都借过了。”父亲显得很沮丧。“不用去借。”小伙子到镇上的影楼里叫来一位摄影师，为自己家没盖好的房子拍了几张照片，然后拿着这些照片跑到城里找到一些企业主。他对那些企业主说：“这幢房子是一个非常好的广告位置，我准备用来出租!”

因为这房子地处交通要道的旁边，企业主们都认为房顶和墙壁是广告宣传的理想位置，于是大家纷纷出高价竞争。几天后，出价最高的两家企业分别获得小伙子家的房顶和墙壁商品广告宣传使用权。一年一万美元的收入，不仅让他家的房子顺利盖上房顶，而且还让他家每年有一笔稳定的收入。

小伙子大学毕业后，走上了创业之路。随着经济的发展，旅游成了人们越来越热衷的一项生活内容，于是他想创办一家旅游开发公司，但是他并没有足够的资金配备车辆和游艇。小伙子经过仔细考虑后，终于想到一个办法。他在报纸上发布消息说他准备把他的汽车和某旅游点的游艇外壳及座位套都配上商品广告。这是一个活动性和接触面都很大的广告资源，消息一经发布，商家们竞相抬价，最后只有五家企业成功获得广告使用权，而就是这笔钱让他顺利地经营起了自己的公司。因为经营得法，业务不断扩大，几年后他的公司发展成北美第二大旅游公司。

尤伯罗斯能用别人的钱盖自家的房顶，关键在于发现和利用了自己所拥有的资源，其成功之处在于不仅有“勇”，而且有“谋”——资源整合的意识。今天，不少创业者在经营中总是抱着自己的优势资源说没资金、筹资难，为何不打开思路，学学尤伯罗斯用别人的钱盖自家的房顶，解决自己的经营难题？

资料来源：道客巴巴

第一节　创业资源概述

- 熟悉创业资源的概念、种类和来源。
- 掌握创业资源的获取方法。

如果大环境小环境都自己去建设的话，我自身的能力和实力不具备。所以当时我们只有一个简单的想法，就是我把自己有限的资本或者力量聚集到一个核心——如何去塑造品牌，把相关的交给社会来完成。

——上海美特斯邦威股份有限公司董事长　周成建

问题导入

创业不是引“无源之水”、栽“无本之木”。创业需要资源，创业者不可能完全靠一己之力轻松做老板，每一个创业者必然拥有一定的资源才能创业成功。很多创业者在创业初期都会面临资源不足的障碍，如何获取资源就成为他们亟待解决的问题之一。在进行下面的学习之前，请同学们思考以下问题：

（1）创业资源包括哪些内容？

（2）怎样才能获取到创业资源？

知识链接

一、创业资源的概念

创业资源是指企业创立及成长过程中所需要的各种生产要素和支撑条件，是创业企业在创造价值过程中所需要的特定资产。

对于创业者来说，只要是对其创业项目和创业企业的发展有所帮助的要素，都可以归入创业资源的范畴。创业者既要积累个人资源，也要善于创造性地整合社会资源，以创造有利于创业的良好条件。

二、创业资源的种类

按性质分，创业资源可分为人力资源、财务资源、物质资源、技术资源、品牌资源和组织资源。

- 人力资源：不仅包括创业者及创业团队的知识、技能和经验等，也包括团队成员的专业智慧、判断力、视野和愿景，甚至创业者本身的人际关系网络。创业者是创业企业最重要的人力资源，其价值观念和信念是创业企业的基石，其所拥有的人际和社会关系网络使其能够接触到大量的外部资源。鉴于企业之间的竞争主要是人才之间的竞争，高素质人才的获取和开发便成为创业企业可持续发展的关键因素。
- 财务资源：主要是指货币资源，通常是创业者向债权人、权益投资者筹集的资金。一般来说，创业初期及时筹集到足额的财务资源，是企业成功创办和顺利经营的前提条件。
- 物质资源：是创业企业经营所需要的有形资源，如建筑物、设施、机器和办公设备、原材料等。一些自然资源如矿山、森林等有时也会成为创业企业的物质资源。
- 技术资源：包括关键技术、制造流程、作业系统、专用生产设备等。技术资源大多与物质资源相结合，可以通过法律手段予以保护，部分技术资源会形成组织的无形资产。
- 品牌资源：品牌是一个名称、名词、符号或设计，或是它们的组合，其目的是识别某个销售者或某个产品或服务，并使之与竞争对手的产品和服务区别开来。
- 组织资源：一般是指企业的正式管理系统，包括企业的组织结构、作业流程、工作规范、信息沟通、决策体系、质量系统，以及正式或非正式的计划活动等，有时候组织资源也可以表现为个人的技能或能力。其中，组织结构是一种能够使组织区别于竞争对手的无形资源。

三、创业资源的来源

创业所需资源有两个来源：一是自有资源；二是外部资源。自有资源是创业者自身所拥有的可用于创业的资源，如自有资金、自有技术、自己获得的创业机会信息、自建的营销网络、控制的物质资源等。外部资源包括朋友、亲戚、商务伙伴或其他投资者，投资人资金、借入的设备等。

四、创业资源获取

获取创业资源的途径分为市场途径和非市场途径两大类。当创业所需要的资源有活跃的市场，或者有类似的可比资源进行交易时，可以采用市场途径；其他情况下则可以采用

非市场途径。

1. 通过市场途径获取创业资源

通过市场途径获取创业资源包括购买和联盟两种。

- 购买：是指利用财务资源通过市场购入的方式获取外部资源，主要包括购买厂房、设备等物质资源，购买专利和技术，聘请有经验的员工及通过外部融资获取资金等。需要注意的是，诸如知识，尤其是隐性知识等资源虽然可能会附着在非知识资源之上，通过购买物质资源（如机器设备等）得到，但很难通过市场直接购买，因此，需要创业企业通过非市场途径去开发或积累。
- 联盟：是指通过联合其他组织，对一些难以或无法自己开发的资源实行共同开发。但联盟的前提是联盟双方的资源和能力互补且有共同的利益，而且能够对资源的价值及其使用达成共识。

2. 通过非市场途径获取创业资源

通过非市场途径获取创业资源包括资源吸引和资源积累等。

- 资源吸引：是指发挥无形资源的杠杆作用，利用创业企业的商业计划和创业团队的声誉、通过对创业前景的描述来获得或吸引物质资源、技术资源、人力资源和资金等。
- 资源积累：是指利用现有资源在企业内部通过培育形成所需的资源。主要包括自建企业的厂房、设备，在企业内部开发新技术，通过培训来增加员工的技能和知识，通过企业的自我积累获取资金等。

提　示

究竟是通过市场途径还是非市场途径获取资源，主要依赖于资源在市场的可用性和成本等因素。例如，若证明快速进入市场能够带来成本优势，则可采用外部购买方式。对于多数创业企业来说，由于初始资源禀赋的不完整性，创业者需要获取资源所有者的信任来获取资源。但无论如何，采用多种途径同时获取不同资源总是正确的选择。

拓展训练

一、案例分析

在网上寻找 2～3 个创业失败的案例，分析创业者失败的原因，重点分析在创业资源方面导致其失败的因素。

二、能力训练

假设你是一个即将毕业的学生，准备毕业后自主创业。请根据你选择的创业机会，分析以下问题：

（1）写出创业所需要的资源和需要继续获取的资源。

（2）写出你准备获取资源的途径和方法。

评分标准：能列出企业所需要的资源（30 分），能列出获取资源的途径和方法（30 分），列出的途径和方法具有可行性（40 分）。

第二节　创业资源管理

- 了解创业资源开发和整合的内容。
- 熟悉创业资源的整合过程。
- 能够开发和整合创业资源。

名人语录

1. 一个企业 98%的资源都是整合进来的。

——蒙牛集团创立者　牛根生

2. 创业者在企业成长的各个阶段都会努力争取用尽量少的资源来推进企业的发展，他们需要的不是拥有，而是控制这些资源。

——哈佛大学　霍华德·史蒂文森

创业就是把创业机会与创业资源的开发及整合相结合的活动，创业资源的开发和整合伴随着整个创业过程。对于大多数创业企业来说，创业资源在未整合之前，多是零散的，因此，创业者需要整合各种创业资源，以使它发挥最大的价值。在进行下面的学习之前，请同学们思考以下问题：

想创业，你准备好了吗？

（1）创业者如何才能有效地开发和整合人力、技术、行业等资源？

（2）创业者如何创造性地整合外部资源？

一、创业资源的开发和整合

创业者需要整合的资源包括人力资源、信息资源、财务资源、技术资源和行业资源等。

1. 人力资源

人才是创新之源，是企业最核心的竞争力，现代企业的竞争，归根结底是人才的竞争。但要吸引、留住人才，也并非易事，必须在尊重人才的价值上下功夫。企业应根据自身发展，建立起一套人力资源规划体系：

（1）建立完善的企业薪酬制度，以吸引和激励人才。

（2）建立培训机制，让人才在企业里发挥其最大的潜能。

（3）善待员工，让员工有一种家的感觉，这种善待不仅是指精神上给予人才的满足，也要配以物质利益。

（4）要量才而用，用人的长处，控制人的短处，将适合的人安排在最合适的岗位上。

（5）分工尽可能明确，划分各部门的职责范围，各部门的业务最好不要出现交叉。

对中小企业而言，人才是可遇而不可求的。社会上的人才很多，但适合公司发展的并不多。因此选择任用人才的关键在于用那些有潜力并且有强烈事业心、对公司事业有认同感的人才。中小企业整合人才资源最后落实在了培养人才方面，同时要千方百计留住公司的骨干人才。

2. 信息资源

当今社会，信息资源对很多创业者来说就是成功的机遇，创业者应当像管理其他创业资源一样对信息资源加以管理整合。创业者在做决策时，要综合考虑竞争对手、政府、行业、合作伙伴、客户等方面的信息，只有知己知彼，才能做到有的放矢、抓住成功的机遇。

对于信息资源，既要开发与整合管理好外部信息资源，抓住好的机遇，又要开发与整合管理好内部信息资源，做好信息资源的规划。

3. 财务资源

创业离不开资金的支持。创业者除了要合理评估和利用自身财务资源外，还要学会借力，能通过不同的渠道筹集到资金。需要注意的是，创业者在接受外部投资时，要对投资者的基本情况如资质情况、业绩情况等进行全面掌握，再根据企业的实际情况在众多投资

者中进行选择。

4. 技术资源

在创业初期，创业技术是最关键的资源，它是决定创业产品的市场竞争力和获利能力的根本因素。做成功企业的核心是要有好的产品，而企业的产品必须做到专业化，这一点非常重要。要将产品在同一领域内做到最专业，技术上要一直领先。若企业没有实力一直保持这样的技术优势，则可以整合企业之外的技术资源，例如，与科研院所、大专院校合作或和拥有领先技术的公司合作等。

5. 行业资源

充分了解某行业，掌握这个行业的各种关系网，如竞争对手、供货商、经销商、客户、行业协会、行业展会等。同时，企业还要注重整合行业内竞争对手的资源，把竞争对手转化为合作伙伴。例如，同行之间或者产业上、下游之间的创业企业通过策略联盟等方式整合资源，使人力资源、研发能力、市场渠道和客户资源等实现优势互补。

企业要想发展、壮大，就应该尽可能整合各种资源、采取各种合法手段积极务实地做好自己的这份事业。

二、创业资源的整合过程

创业资源的整合是一个复杂的过程，是创业企业对不同来源、不同层次、不同结构、不同内容的资源进行选择、汲取、配置、激活和有机融合的过程，以使之具有更强的条理性、系统性和价值性，并对原有的资源体系进行重构，摒弃无价值的资源，以形成新的核心资源体系。创业资源的整合过程可以分为资源扫描、资源控制、资源利用和资源拓展四个步骤。

1. 资源扫描

创业者要知道自己的资源禀赋及企业所拥有的最初资源。将已有资源识别出来，包括己方所有有价值的有形资产和无形资产，如人才、技术、设备、品牌等，找到自己的资源优势和不足，同时认清哪些属于战略性资源，哪些属于一般性资源，还要确定资源的数量、质量、使用时间及使用顺序。

扫描自身已有资源的同时，也要对外部环境进行扫描，及时发现创业企业所需的资源，确定自己所缺的创业资源可以从哪些渠道获得，以及谁拥有这些重要资源，并对各种资源渠道的获得难易程度进行排序；进而寻找利益交集，对资源所有者的利益需求进行深度分析，并与自己所拥有的资源进行比较，找到利益契合点。这通常需要创业者具有行业知识和一定的社会关系网络。创业者在初始创业阶段会利用与自己关系较近的资源网络，随着业务的向前发展而逐渐扩充这一网络。

2. 资源控制

资源控制的范围包括创业者自身拥有的资源、通过交易等形式可获得的资源，以及通过社会网络等形式可以控制的资源。在许多情况下，创业者自身拥有的资源（如教育、经验、声誉、行业知识、资金和社会网络等）存在于创业团队中。在特定的行业，创业团队中成员的社会网络资源和技术对于企业的成功至关重要。在获取资源的过程中，需要判断这种资源对实现企业的目标是否关键，并且创造性地设计出双赢的合作方案，形成长期互利关系。

3. 资源利用

在获取和控制大量资源的基础上，创业企业开始对这些资源进行配置和利用，将它们合理有效地配置到最能发挥其使用效益的地方去，体现出这些资源的价值。企业资源在未整合之前大多是零碎的、低效的，要发挥这些资源的最大使用价值、产生最佳效益，就必须运用科学方法对各种类型的资源进行细化、配置和激活，将有价值的资源有机地融合起来，使它们相互匹配、互为补充、互相增强。

在配置资源之后，新的资源或者说竞争优势就会形成，企业必须利用区别于其他企业的这种优势来赢得市场。资源在整合并转化为企业内部的独特优势之后，创业者需要协调各种资源之间的关系，匹配有用的资源，剥离无用的资源。通过协调，使资源的联系更加紧密，更加具有匹配性，形成“1+1>2”的局面，并为下一步拓展奠定基础。

4. 资源拓展

资源拓展即将以前没有建立起联系的资源建立联系，将新获取的资源与已有的资源进行联结融合，进一步开发潜在的资源为企业所用，这也是企业持续竞争优势的根本来源。开拓创造过程能为创业企业带来新的能力，从而使其能够更充分地发现和掌握创业机会。

案例阅读

蒙牛借力

牛根生和他的创业团队把一个一无奶源、二无工厂、三无市场的“三无企业”发展成了年销售额达21亿元的大型企业，其成功的核心因素之一就是借力，主要表现在以下几个方面：

（1）逆向经营。面对困境，公司董事会在创业之初就确定了“先建市场，后建工厂”的发展战略，并通过“借鸡生蛋”迅速做大企业。

蒙牛企业为何如此成功？

（2）虚拟联合。蒙牛与当地政府协商，让他们组织建奶站，与蒙牛签订常年供应合同。蒙牛品牌的影响和从不拖欠资金的信誉使当地政府放心，奶站是当地人自己出钱建的，自然尽心尽力，质量、数量都有保证，这样就形成了双赢。

（3）统一战线。蒙牛一直宣扬和伊利是兄弟，互相间应相互促进，共建“中国乳都”的形象概念。

（4）国际化之梦。借助摩根士丹利、鼎晖、英联三大国际财团，蒙牛一直在寻找和搭建向国际化发展的平台。

牛根生就是这样用别人的钱干自己的事，用智慧、灵活的战略、战术创造了奶制品世界的神话。

资料来源：豆丁网

拓展训练

一、案例分析

空手变出油轮的图德拉

委内瑞拉有个名叫图德拉的工程师，他一无关系，二无资金，居然想做石油生意，而且居然做得很成功，他是怎样做的呢？当时，图德拉了解到阿根廷牛肉生产过剩，但石油制品比较紧缺，他就来到阿根廷，同有关贸易公司洽谈业务。

“我愿意购买 2 000 万美元的牛肉，”图德拉说，“条件是，你们向我购进 2 000 万美元的丁烷。”因为图德拉知道阿根廷正需要 2 000 万美元的丁烷。正是投其所好，双方的买卖很顺利地确定了下来。

接着，图德拉又来到西班牙，对一个造船厂提出条件说：“我愿意向贵厂订购一艘 2 000 万美元的超级油轮。”那家造船厂正为没有人订货而发愁，当然非常欢迎。图德拉又话头一转：“条件是，你们购买我 2 000 万美元的阿根廷牛肉。”牛肉是西班牙居民的日常消费品，况且阿根廷正是世界各地牛肉的主要供应基地，造船厂何乐而不为呢？于是双方签订了一项买卖意向书。

然后，图德拉又到中东地区找到一家石油公司提出条件说：“我愿购买 2 000 万美元的丁烷。”石油公司见有大笔生意可做，当然非常愿意。图德拉又话锋一转：“条件是你们的石油必须包租我在西班牙建造的超级油轮运输。”

在产地，石油价格是比较低廉的，贵就贵在运输费上，难也就难在找不到运输工具，所以石油公司也满口答应，彼此又签订了一份意向书。

由于图德拉的周旋，阿根廷、西班牙和中东国家都取得了自己需要的东西，又出售了自己亟待销售的产品，图德拉也从中获取了巨额利润。细细算起来，这项利润实质上是以运输费顶替了油轮的造价。三笔生意全部完成后，这艘油轮就归他所有。有了油轮就可以大做石油生意，图德拉终于梦想成真了。

思考：你能从这则故事中受到什么启发？结合故事谈一谈资源整合在创业中的重要作用？

二、探索活动

资源整合

活动目的：

评估自身拥有的资源，发现外部资源并能有效整合外部资源。

活动内容：

创业是一个评估自身资源并整合外部资源的一个过程。如何创造性地整合外部资源是优秀创业者所具备的关键性技能之一。请同学们按下列步骤进行资源整合训练。

（1）请同学们利用表 6-1 对自身条件进行评估。

表 6-1 自身条件评估

评估内容	具体要求	自我描述
你想做什么？	根据你的兴趣、爱好确定你想做的事情	
你拥有什么？	你的优势、强项是什么（如技术优势、人脉优势、知识优势等）	
你缺少什么？	你的劣势、缺点是什么（如技术劣势、人脉劣势、知识劣势等）	

请认真思考自己拥有的资源，如果要进行创业，还需要哪些资源？

（2）评估你的同学是否具有你需要的资源？如果有，你将如何说服他和你一起创业或将资源借给你使用？

（3）除了同学外，你还有什么渠道获取创业资源？

（4）获得创业资源后，你将如何有效整合这些资源？

活动检测：

活动结束后，教师可根据表 6-2 进行评分。

表 6-2　活动评分表

评分标准	满分	实际得分	备注
能准确评估自身资源	20		
能找出缺少的创业资源	20		
能准确评估外部资源	20		
能多渠道获取外部资源	20		
能有效整合外部资源	20		
总　分	100		

第三节　创业融资的选择策略

- 熟悉融资的概念和融资渠道。
- 掌握创业融资的选择策略。
- 能够根据实际情况分析创业所需的资本，并选择合适的融资渠道。

我的宗旨一向是逐步稳健发展，既不靠耸人听闻的利润，也不要在市场不景气时，突然有资金周转不灵的威胁。

——包玉刚

问题导入

对于一个胸怀大志并拥有先进技术或很好创意的创业者，若没有创业资本支持就无法实现自己的想法。因此，如何有效获取资本是每一位创业者极为关注的问题之一。在进行下面的学习之前，请大家思考：创业资金可从哪些渠道获得？

没有资金如何创业？

知识链接

一、创业融资的概念

创业融资是指创业企业从自身生产经营及资金运用情况出发，根据未来经营发展的需要，通过一定的渠道或方式筹集资金，以满足后续经营发展需要的一种经济行为。

创业企业筹集资金的基本目的在于满足企业扩张或者还债的需要，同时应该遵循一定的原则，通过一定的渠道和方式去进行。

二、创业融资的渠道

具体来讲，创业融资的渠道主要有私人资本融资、机构融资、风险投资、天使投资和政府扶持基金。

（一）私人资金融资

1．个人积蓄

创业者的个人积蓄是创业融资最根本的来源。几乎所有的创业者都向他们新创办的企业投入了个人积蓄。当然，个人积蓄的投入虽然是企业融资的一种途径，但并不是根本性的解决方案。由于个人积蓄对于创业企业而言总是十分有限的，特别是对于资本密集型的企业来说，几乎是杯水车薪。

2．向亲友融资

向亲友融资也是创业融资的重要渠道。特别是在中国，以家庭为中心形成的亲缘、地缘、商缘等社会网络关系，对包括创业融资在内的许多创业活动产生着重要影响。

（二）机构融资

1．向银行借款

比较适合创业者的银行借款形式主要有抵押贷款和担保贷款两种。

（1）抵押贷款是指借款人以其所拥有的财产作抵押，作为获得银行贷款的担保。在抵押期间，借款人可以继续使用其用于抵押的财产。

（2）担保贷款是指借款人向银行提供符合法定条件的第三方保证人作为还款保证的借款方式。当借款方不能履约还款时，银行有权按照约定要求保证人履行或承担清偿贷款连带责任。其中较适合创业者的担保贷款形式有自然人担保贷款和专业公司担保贷款两种。自然人担保贷款是指自然人提供担保取得贷款；专业公司担保贷款是指由担保公司提供担保取得贷款。

2．向非银行金融机构借款

非银行金融机构是指以发行股票和债券、接受信用委托、提供保险等形式筹集资金，并将所筹资金用于长期性投资的金融机构。根据法律规定，非银行金融机构包括经银监会批准设立的信托公司、境外非银行金融机构驻华代表处、农村和城市信用合作社、典当行、保险公司、小额贷款公司等机构。

3．交易信贷

交易信贷是指企业在正常的经营活动和商品交易中，由于延期付款或预收货款所形成的企业间常见的信贷关系，通常也称为商业信用。企业在筹办期及生产经营过程中，均可以通过交易信贷筹集部分资金。如企业在购置设备或原材料的过程中，可以通过延期付款的方式，在一定时期内免费使用供应商提供的部分资金。

4．融资租赁

融资租赁是指出租人根据承租人对租赁物件的特定要求和对供货人的选择，出资向供货人购买租赁物件，并租给承租人使用，承租人则分期向出租人支付租金，在租赁期内租赁物件的所有权属于出租人所有，承租人拥有租赁物件的使用权。租期届满，租金支付完毕并且承租人根据融资租赁合同的规定履行完全部义务后，租赁物件所有权即转归承租人所有。

融资租赁既可以使企业按期开业，顺利开始生产经营活动；又可以解决创业初期资金紧张的局面，节约创业初期的资金支出。

（三）风险投资

风险投资又称创业投资，是指由专业机构提供的投资于极具增长潜力的创业企业并参与其管理的权益资本。风险投资的投资对象多为处于创业期的中小企业，而且多为高新技术企业或现代服务业。投资期限通常为3～5年，投资方式为股权投资，一般会占被投资企业15%～30%的股权，而不要求控股权，也不需要任何担保或抵押，但可能对被投资企业以后各阶段的融资提出一定的权利。风险投资人一般积极参与被投资企业的经营管理，提供增值服务。由于投资目的是追求超额回报，当被投资企业增值后，风险投资人会通过上市、收购兼并或其他股权转让方式撤出资本，实现增值后的回收。

（四）天使投资

什么是天使投资？

天使投资是一种非组织化的创业投资形式，是指自由投资者（个人）或非正式风险投资机构（团体）对有发展前景的原创项目构思或初创期小企业进行早期权益性资本投资，以帮助这些企业迅速启动的一种民间投资方式。目前我国天使投资的规模还非常有限，依然缺乏这种投资文化，相应的制度环境也不健全。

天使投资的主要特征如下：

（1）天使投资的金额一般较小，而且是一次性投入，它对创业企业的审查也并不严格。它更多的是基于投资人的主观判断或者由个人的好恶决定的。通常天使投资是由一个人投资，是个体或者小型的商业行为。

（2）很多天使投资人本身是企业家，了解创业者的难处。他们不一定是百万富翁或高收入人士，很可能是您的邻居、家庭成员、朋友、公司伙伴、供应商或任何原意投资公司的人士。

（3）天使投资人不但可以带来资金，同时也能带来一定的资源网络；如果他们是知名人士，还可提高公司的信誉和影响力。

（五）政府扶持基金

创业者还可以利用政府扶持政策，从政府方面获得融资支持。随着我国经济的发展，政府对创业的支持力度无论从产业的覆盖面，还是从政府对创业者的支持额度等方面都有了很大进展，由政府提供的扶持基金也在逐步增加。

三、创业融资的选择策略

无论通过哪种渠道融资，这些融资都不外乎两类：股权融资和债权融资。

什么是股权融资？

1. 股权融资

股权融资是指企业的股东愿意让出部分企业所有权，通过企业增资的方式引进新的股东的融资方式。股权融资所获得的资金，企业无须还本付息，但新股东将与老股东同样分享企业的赢利与增长。股权融资的特点决定了其用途的广泛性，既可以充实企业的营运资金，也可以用于企业的投资活动。广义上的股权融资包括内部股权融资与外部股权融资。内部股权融资主要是企业的内部积累；外部股权融资包括个人积蓄、亲友投入、合伙人资金和天使投资等。

创业企业在创建的启动阶段及较早发展阶段，内部积累极为重要。内部积累的资金来源主要是企业在经营过程中赚取的利润，采用内部积累方式融资符合融资优序理论的要求，也是很多创业者的必然选择。鉴于创业企业在资金实力、经营规模、信誉保证、还款能力等方面的限制，创业企业往往会通过不分红或少分红的方式，将企业的经营利润尽可能通过未分配利润的形式留存下来，投入到再生产过程，可为持续经营或扩大经营提供必要的资金支持。

2. 债权融资

债权融资是指企业通过借钱的方式进行融资，对于债权融资所获得的资金，企业首先要承担资金的利息，另外在借款到期后要向债权人偿还资金的本金。向亲友借款、向银行借款、向非银行金融机构借款、向其他企业借款等都是常用的债权融资方式。债权融资的特点决定了其用途主要是解决企业营运资金短缺的问题，而不是用于资本项下的开支。

四、创业资金估算

怎么确定融资额？

合理地筹集创业所需资金是对创业者最为基本的素质要求，也是其创办企业的前提。筹集不到足额资金会使企业出现资金断流，甚至

被迫清算；筹集的资金过多，又会导致资金的闲置，产生机会成本，导致企业经营效益低下。因此，创业者一定要能够对创业所需资金进行科学的估算。

大学生创业普遍选择小本投资项目，主要从以下几方面进行创业资金的估算，见表6-3。

表 6-3　投资资金估算表

行次	项目	数量	金额	行次	项目	数量	金额
1	房屋、建筑物			10	广告费		
2	设备			11	水电费		
3	办公家具			12	电话费		
4	办公用品			13	保险费		
5	员工工资			14	设备维护费		
6	创业者工资			15	营业税费		
7	业务开拓费			16	开办费		
8	房屋租金			17	……		
9	存货的购置支出				合计		

拓展训练

一、小组讨论

你通常可以用哪几种方式获得创业资金？尝试用头脑风暴的方法想出几种更巧妙的获得资金的方法。以小组为单位进行讨论，讨论结束后，各小组选出代表讲述讨论的结果。师生一起评比出想法最多、最具可行性的小组。

评分标准：想法最多、最具可行性的小组得分最高。

二、探索活动

制定融资计划

活动目的：

能进行创业资金估算，能编写融资计划书。

活动内容：

王梅想成立一个培训学校，请你根据公司实际业务情况，确定公司的启动资金。具体实施步骤如下：

第一步：教师对学生进行分组，每组4～6人，选出一个小组负责人。

第二步：上网查找创业项目所属行业的资金运作特点。

第三步：小组讨论以下问题：① 创业需要多少资金？具体包括哪些支出？（填写表 6-4）② 通过什么渠道获得这笔资金？③ 该融资方案是否符合企业发展战略和发展阶段？④ 在融资前，应做好哪些准备工作？

表 6-4 资金估算表

行次	项目	数量	金额	行次	项目	数量	金额
1	房屋租金			9	电话费		
2	办公家具和设备			10	保险费		
3	办公用品			11	设备维护费		
4	员工工资			12	营业税费		
5	业务开拓费			13	开办费		
6	购买交通工具费			14	……		
7	广告费				合计		
8	水电费						

第四步：拟定融资计划。

第五步：将融资计划制作成 PPT，由小组负责人上台演讲。

第六步：教师对活动进行点评。

活动检测：

活动结束后，教师可根据表 6-5 进行评分。

表 6-5 探索活动评价表

评分标准	满分	实际得分	备注
掌握行业资金运作特点	20		
创业资金估算合理	20		
明确各融资渠道的优缺点	20		
能提出有效的融资方案	20		
融资计划内容完整、具有可操作性	20		
总 分	100		

三、创业访谈

以小组为单位，选择当地一家大型银行的中小企业部、一家城市或农村信用合作社、一家开展贷款业务的典当公司或财务公司、一家风险投资公司，联系其负责人或相应工作人员进行访谈，比较这些机构在创业融资方面的规划和具体做法。

评分标准：积极参与实施（20 分），能说出各机构在创业融资方面的规划（40 分），能说出各机构在融资方面的优缺点（40 分）。

第七章

创业计划

自我思考：

创业一直都是勇敢者的游戏，但是我们细数那些创业成功者，便不难发现，创业是一场有准备的战场。只有做好充分的创业准备，精心构想，运筹帷幄，才能决胜千里。

请同学们想一下，在创业前应做好哪些创业准备？创业者如何形成创造性的创业构想？创业者为什么要撰写创业计划书？

开篇故事

完善的创业计划书让他获得了风险投资

王杰毕业后经过多年研究，在利用太阳能方面取得了一项重大突破。如果这项技术在实际中应用的话，前景会非常广阔。于是，王杰辞掉了原来的工作准备创业。注册公司后，所有资金全部用尽，他已经无力再招聘职工、准备实验材料了，于是他想到了风险投资，希望通过引入合作伙伴来解决资金困境。为此，他多次与一些风险投资机构或者个人投资者洽谈。虽然王杰反复强调他的技术多么先进、应用前景光明，并保证投资他的公司将会获得很大的回报，但总是难以让对方相信，而且对于投资人询问的重要数据也没有办法提供，如市场需求量具体是多少，一年可以有多大的回报率等。

一份优秀的创业计划书会让创业之路事半功倍

后来，一位做咨询管理的朋友提醒王杰，由于他的技术很少有人懂，而且没有创业计划书，所以没有人相信他。于是，在向相关专家咨询又查阅大量资料后，王杰开始从公司的经营宗旨、战略目标出发，对公司的技术、产品、市场销售、资金需求、财务指标、投资收益、投资者退出等方面进行分析和论证，在这个过程中，他还经常通过市场调查来获取资料。一个多月后他拿出了一份创业计划书初稿，在经过几位专家的指点后，他又对创业计划书进行了修改。凭着这份创业计划书，他很快与一家风险投资公司达成了投资协议，得到了资金支持，员工招聘问题也迎刃而解，如今，他的公司已经营得红红火火。谈到经验，他总结到创业计划书不仅仅是写一篇文章，其编制的过程就是不断理清创业思路的过程，只有创业者自己的思路清楚了，才能让投资者、员工相信你。

资料来源：中华品牌管理网

第一节　产生与研讨创业构想

- 掌握创业构想的产生方法。
- 能够运用市场调查认证创业构想。

天才从来都不是在现行的游戏规则下翻些花样，而是重新发明一种新的游戏规则。

——艾尔文·雅各布布

创业是一项系统工程，在创业前，大学毕业生应认真进行创业构想。因为周密的构思可以避免盲动、追风，以及由此造成的失败和损失。如果你的构想没有创造性、不合理，无论投入多少时间和金钱，企业注定还是会失败的。在进行下面的学习之前，请同学们思考一下：如何才能形成有创造性的创业构想？

如何验证你的创业构想是否可行？

一、产生创业构想

1. 创业构想的涵义

创业构想是对打算创办企业的基本业务所做的描述。即销售什么产品或服务、目标客户是谁、如何销售产品或服务、满足客户哪些需求。其中，满足客户需求是创业构想的核心。企业的产品（服务）都应围绕客户需求来研发。例如，7-11 原来着眼的竞争对手是美国的郊区超市，他们在观察中发现这些超市有规模过大反而购物不便的特点，于是对怎样才能让顾客更容易买到生活必需品进行了探讨，在此基础上形成了开一家商品新鲜齐全的小商店的想法，这就是 7-11 的来历。可以说 7-11 的出现，是一个能够理解具体需求，将构想变为现实的好例证。

2. 创业构想的产生方法

创业构想是运用创造性的思考方法，通过类比、分解和试验产生。

在产生创业想法的最初阶段，首先是类比，类比是指通过比较不同产品或服务的优缺点，从中发现问题，提出想法。然后是分解，即把想法进行划分和进行具体化的工作。在分解阶段，使用较多的方式是提出假设，例如，关于便利店这一个概念，可以设想主要的顾客会是学生，那么就可以对它进行“把店开在有学生公寓的车站旁边较好”之类的分解。再接下来便是试验。实际上是否存在需求，是否可以确保进货途径，需要一个一个地论证。一般来说调查之后收集数据的做法比较常见，但根据情况也可以实际尝试一下。如果在这个阶段感觉到开展有难度，则可对想法加以修正，同时可用其他假设再去试试看。

二、研讨创业构想

1. 创业构想认证

有了初步创业构想之后，接下来就是对其进行谨慎认证。认证时常用的方法是市场调查。考虑在你事业开始的时候，有多少资源可以供你使用，第一步走下去以后，下一步应该怎么办？有没有希望扩大用户群，扩大用户群的方法是什么？竞争对手的实力如何？自己的强项是什么？能否抵抗对方的进攻？如果自己没有这样的强项，有什么办法可以解决等？例如，加快市场开拓的速度，看准一点做专做精，寻找可以优势互补的帮手等，都要一个一个地认真加以考虑。

2. 预测成功的大小和期望值

创业者要结合市场、行业前景、产品、自身优劣势、消费者需求等方面预测创业成功的概率和企业未来的盈利能力，以确定是否需进一步实施企业构想。

一般情况下，创业构想难以在开始时就完全正确，常常要在实践中加以修正，有些问题不通过自己亲身操作是弄不明白的，所以，创业者摸着石头过河几乎是一个必需的过程。

探索活动

产生创业构想

活动目的：

能想出具有创意的创业构想。

活动背景：

王梅是电子商务专业的学生，她的好朋友李萌即将过生日了，她想送给她一份特别的礼物。她到学校附近的礼品店看了一下，品种很多，让人眼花缭乱。但是都大同小异，不能体现送礼者的特殊心意，原因很简单，批量式的礼物生产，已经让礼物失去了其特殊的纪念意义。王梅希望礼品店里出售具有个性与独特意义的礼品，渴望在送礼物的同时把自己的新意和心意体现出来。

活动内容：

如果你要开办一个礼品店，你会产生什么创业构想。请利用类比、分解法想出尽可能多的创业想法。然后，运用试验和市场调查的方法，筛选出最具创意、最符合消费需求的创业构想。

活动检测：

训练结束后，教师根据表 7-1 所示的评分标准对学生进行评分。

表 7-1　探索活动评分标准

评价项目	评分标准	满分	实际得分	备注
准备工作	积极参与活动	10		
	所选的调研项目具有创意	20		
市场调研	分工明确、合理	10		
	设计的调查问卷涵盖需求分析的各项内容	20		
	按要求完成了调研工作	20		
创业构想	具有创意、符合消费需求	20		
总　分		100		

第二节　商业模式设计与创新

- 了解商业模式的概念及构成要件。
- 熟悉商业模式的设计思路和方法。
- 掌握商业模式创新的方法。
- 能分析不同企业的商业模式，能设计出具有创造性的创业模式。

名人语录

要想创造持续的价值增长，必须经常（也许是 5 年）创新企业商业模式设计。

——亚德里安•斯莱沃斯基

问题导入

企业竞争始于商业模式，有了好的商业模式，创业成功就有了一半的保证。近几十年来，越来越多的企业通过商业模式的创新获得了显著的成功，例如苹果、IBM、西南航空、亚马逊等，他们站在金字塔的顶端，让人不经意间就能感受其耀眼的光芒。我们不禁会引起思考：为什么是这些企业最终获得了商业的成功？而其他企业商业模式创新的失败根源又在哪里？

知识链接

一、商业模式的概念及构成要件

1．商业模式的概念

商业模式是企业探求所经营业务的利润来源、生成过程和产出方式的系统方法，并围绕企业如何盈利这个核心来配置企业资源和组织企业所有内外部活动的一个行为过程。例如，如家连锁酒店给差旅客户提供的价值就是“够用而不多余的住宿条件和卫生条件，且比星级酒店便宜”，然后其一切活动就都围绕这个价值展开——去掉一切多余的装修、设备、物品，提倡客户自助式服务等。又如，京东商城其提供给年轻人的价值就是“提供有品质且价格要比实体店便宜的产品，能方便快捷地结算、送货和退货”，其一切的商业活动也就围绕这个价值展开——构建呼叫系统和网站、监督供货商产品质量、监督快递服务质量、提供货到付款等。

商业模式

案例阅读

麦当劳的商业模式

提起麦当劳，大家都知道它是卖汉堡包的，但是，你知道它的赢利模式吗？也许，很多人都会讲，麦当劳肯定是卖汉堡包赚钱的嘛，这还用得着问。但是，如果这样想，你就错了。

其实，麦当劳不仅仅只是个卖汉堡的快餐商，还是一个地地道道的地产商，旗下的地产数量已经足以让麦当劳成为世界地产巨头。

麦当劳的商业模式

麦当劳一直沿用“朝两个截然不同的方向赚钱”的经营办法。除了通过特许加盟收取约占销售额4%的特许权收益外，还通过房地产运作得到相当于销售额10%的租金。租金收益高于特许收益，这就是麦当劳长期以来选择以超过任何人想象的速度圈地、建设和开新店来追求利润的原因。

麦当劳在美国的万家店铺中，60%的所有权是属于麦当劳的，另外40%是由总公司向土地所有者租来的，麦当劳租地时定死租价，不允许土地所有者在租约内加上“逐年定期涨价”条款，但在出租给加盟者时，却把所有的保险费、税费加了进去，并根据物价上涨情况，向加盟分店逐年收取涨价租金，这其中的差价有2至4成。

当餐厅生意达到一定水准后，各店还要缴付一定营业额百分比给麦当劳，叫做“增值租金”。麦当劳不仅由此赚到了40%的利润，而且还可以通过房地产来控制加盟者完全依附于总部。在麦当劳的收入中，有1/4来自直营店，有3/4来自加盟店，而总收入的90%来自房租。

这就是麦当劳的赢利模式，不是卖汉堡包，而是卖房地产赚钱。

我们从麦当劳的赢利模式中，可以发现，一个企业要赢利，并不一定非要以企业的主导产品来赚钱，而可以从其他辅助产品中产生利润。

那么，这种“主导产品+辅助产品”的赢利组合，就需要企业在战略规划时，先做好它的设计。而赢利模式只是商业模式当中的一个要素，跟赢利模式一样，商业模式也需要经过企业详细而周密的战略设计。凡是成功的企业，都是在一个有效的商业模式下运营的。

来源：中华品牌管理网

2. 商业模式的构成要件

商业模式至少要满足两个必要条件：

第一，商业模式必须是一个整体，有一定的结构，而不仅仅是一个单一的组成要素；

第二，商业模式的组成部分之间必须有内在联系，这个内在联系把各组成部分有机地关联起来，使它们相互支持，共同作用，形成一个良性循环。

二、商业模式的设计

（一）设计商业模式的思路

创业者如何设计商业模式？

设计商业模式首先应考虑企业的战略，然后结合内外部环境、市场、资源、产品（服务）、价值等因素，整合资源和匹配价值。具体来说，商业模式设计思路包括价值定位、价值创造和价值实现。

1. 价值定位

一个企业要想在市场中占有一席之地，首先必须明确自身定位。定位就是企业应该做什么，它决定了企业应该提供什么特征的产品和服务来满足客户的需求，实现客户价值。

2. 价值创造

价值创造是指价值如何被创造出来，即价值的源泉是什么。商业模式的价值创造主要在于便捷性、成本低廉、新颖性、用户黏性、锁定、创新性。众多电子商务企业如亚马逊能脱颖而出正是凭借网络销售的方便快捷和成本低廉。

3. 价值实现

价值实现是指企业创造价值被市场认可并接受，完成从要素投入到要素产出的转化。价值实现这一活动中，涉及最多的就是盈利模式，即企业自身如何获得利润。

（二）设计商务模式的方法

商业模式设计需要考虑：企业的价值主张是什么，客户是谁，直接营销对象和潜在营销对象是谁，如何盈利，如何以合适的成本来把价值传递给客户，如何构建利益相关者的价值网络，如何进行产品和服务的定价，如何最大限度地提高收入，该模式能否为客户创造最大价值，客户为什么选择本公司的产品或服务而不是其他公司的，如何与客户进行沟通，企业有哪些特殊资源和能力可以增强模式的竞争力，如何实现商业模式的可持续盈利等。

设计商业模式应该按照以下的步骤进行：

第一步，确定业务范围并寻求产品在市场中的最佳定位。对企业业务范围的定义是成功进行价值定位的最重要一步，首先得清楚“业务是什么”。

第二步，分析和把握顾客需求以锁定目标客户。企业锁定目标客户意味着企业必须考虑服务于哪个地区和如何对客户进行细分。细分客户通常可以根据人口统计、地理、心理和行为等因素进行划分。在客户细分的过程中，分析和把握客户需求是最重要、最关键的。如国内知名连锁酒店如家的市场定位是——介于二级和三级酒店之间的标准，目标标客户是对价格敏感的中小商务人士和自助游、休闲游客。

第三步，构建打造企业独特的业务系统，提高对手模仿的难度。业务系统反映的是企业与其内外部各种利益相关者之间的交易关系。首先，需要确定的是企业与不同利益相关者之间的关系。构建业务系统时所需要做的就是针对不同的利益相关者，确定关系的种类以及相应的交易内容和方法。然后，再根据企业的资源能力分配利益相关者的角色，确定与企业相关的价值链活动。即明确客户、供货商和其他合作伙伴所扮演的角色。

第四步，发掘企业的关键资源能力以形成核心竞争优势。关键资源能力包括金融资源、人力资源、信息、无形资源、客户关系和公司网络。关键资源能力是企业有别于竞争对手并得以持续发展的背后支撑力量，有助于形成和打造企业的核心竞争力。

第五步，构建独特的盈利模式。盈利模式简单来说就是企业赚钱的渠道或者方法。各种客户怎样支付、支付多少，所创造的价值应当在企业、客户、供应商、合作伙伴之间如何分配，是企业收入结构所要回答的问题。如电视台是通过广告费用而不是向观众收费来盈利。

第六步，提高企业价值（即投资价值）以获得资本市场的号召力。企业价值是商业模式的落脚点，评判商业模式优劣的最终标准就是企业价值的高低。企业的投资价值由其成长空间、成长能力、成长效率和成长速度决定。好的商业模式可以做到事半功倍，即投入产出效率高、效果好，包括投资少、运营成本低、收入的持续增长能力强。

三、商业模式创新

（一）商业模式创新的概念

商业模式创新

商业模式的创新实质上是一种高层次的企业创新行为，它与传统意义上的产品创新、技术创新、制度创新和经营创新有很大不同。模式创新包括了企业从内部到外部的资源、能力、价值等，涉及企业运作的方方面面。

商业模式创新的途径是对企业可利用资源的组合方式进行优化，表现为企业为改善其价值创造和价值获取能力而进行的价值链的优化和重组。

我们在这里要强调的是，商业模式是一个商业系统，而不仅仅是产品或技术的某一个单点。如果说中国企业以前习惯了依靠产品创新和技术创新来制胜市场的话，商业模式要求的则不仅仅是产品和技术的创新，更是强调企业整个商业系统的创新。

（二）商业模式创新的方法

商业模式创新有五大基本方法。

1. 价值活动

1）价值链上的重新定位

通过专注于价值链上的某些活动（通常是高利润活动），而将其余活动外包出去，从而实现商业模式的创新。一般认为，将非核心环节的业务外包给其他企业，有利于降低经营的不确定性风险和生产成本，提高质量，有利于发挥各价值模块的核心优势。

2）重组价值链

价值链重组是指企业通过对产业价值链进行创造性的重新排列组合，进而实现商业模式的创新。关键思想就是围绕顾客需求确定重要部分，并以之为中心，再组合调整非重要部分来适应这个中心。

3）构造独特的价值活动体系

构造独特的价值体系是指企业通过构建和整合多个价值优势，形成企业所独有的价值体系，从而实现商业模式创新。

案例阅读

“耐克”的成功奥秘

耐克公司是美国著名的运动鞋公司，其是1964年由美国俄勒冈大学的长跑运动员费尔和他的教练波曼合伙组建的，两人初始投资是各300美元，委托日本的一家鞋厂按波曼的设计试制了300双球鞋。最初的球鞋储存在费尔父亲家的地下室里，每逢比赛，由费尔和波曼带到田径场去推销。

1972年奥运会田径预赛在美国俄勒冈举行，费尔和波曼说服部分马拉松运动员穿耐克鞋参赛。结果有四名进入预赛前七名，费尔和波曼趁机大做广告，耐克运动鞋从此声名大振，不断发展壮大。耐克公司1994年的销售额达38亿美元，产品销往81个国家。但特别值得注意的是从耐克的最初发迹到以后的成长发展，耐克公司本身并不制造球鞋，97%以上的耐克球鞋的生产采取在第三世界国家合同承包、加工返销形式进行，其中2/3是在韩国生产的，然后由耐克公司收购，由耐克公司独家在发达国家销售。

耐克赖以成长壮大的秘密不在制造环节，而在其对产品设计和广告营销环节的控制，这用“价值链”的原理很容易解释。因为在运动鞋行业，其制造环节规模经济效益有限，生产工艺成熟，而其研究开发和广告推销环节固定成本高，产品的广告边际成本低，经济规模效应高，是应关键控制的战略环节。耐克球鞋在市场上主要靠其“最佳设计”和“高档名牌”为号召，不惜重金聘请迈克尔·乔丹等顶级明星在美国电视节目收视率最高的黄金时间做广告，成功地塑造了耐克球鞋高档名牌形象。耐克这种“抓设计、营销、外包生产制造”的价值链战略是其成功的奥秘所在。

资料来源：道客巴巴

2. 价值曲线

这种模式创新策略聚焦于企业所提供的顾客价值。对提供服务而非实体产品的企业来说，此策略尤为重要。企业通过创造独特的价值曲线实现服务创新，在为顾客提供非凡的价值感受的同时获得自身的成功。例如，太阳马戏团因为没有动物，但融合戏剧、表演多元、舞美华丽，重新定义了马戏团的艺术形态，成为世界上最成功、最具影响力的马戏团之一。

3. 价值网络

1）重构供应链结构

这种创新能围绕顾客需求，简化供应链环节，改善企业与供应链上各成员之间的关系，建立关键环节的联盟合作关系，提高其他环节的灵活应变性。

2）形成以顾客价值为中心的价值网络

例如，苹果公司开创了一个全新的商业模式——将硬件、软件和服务融为一体。向下掌控用户，向上掌控第三方开发商和个人开发者，并与信用卡公司合作，打造了一个整体的商业生态系统。“终端+应用”的商业模式让体验成为顾客购买的一部分，苹果公司从中获取了更大的市场份额和利润。

4. 资源能力

1）围绕新资源

新资源为公司创造新的顾客价值提供了潜力，商业模式的意义在于将新资源的潜力释放出来。

2）利用现有资源

一些企业可以围绕自身独特的技能、优势，挖掘现有的潜能，建立新的商业模式，以实现利润增长。例如，必胜客开发的必胜客宅急送业务就是这方面的典型案例，这一模式整合了消费者的外卖需求，在满足顾客需求的同时，必胜客也实现了营业收入的增加。

5. 收入模式

收入模式即企业的盈利模式。企业的盈利方式通常有很多种，可以通过直接出售产品盈利，也可以通过出售服务盈利，还可以通过资本市场盈利等。如肯德基除了销售汉堡、炸鸡、可乐、薯条等西式快餐外，还提供米饭等中式快餐。

拓展训练

一、案例分析

西南航空独特的价值活动体系

美国西南航空公司（Southwest Airlines Co.）并不是廉价航空的鼻祖，却是第一家成功盈利的廉价航空公司。自它之后，廉价航空已控制了1/3的市场，模仿者更是遍及全球。

西南航空的商业模式：

（1）采取短程飞行、点对点飞行方式，简化了航线结构，消除了行李转运的时间和烦琐程序。

（2）采用单一机型，节约了设备采购、维护保养、人员编制和员工培训方面的开支花费，同时又提高了资源调度的灵活性。

（3）通过让飞机快速周转（短程飞行尤为重要），同时坚持弹性工作制，来提高飞机的空中飞行时间。

（4）在二线机场或航班不是很繁忙的机场着陆（让飞机周转更快）。

与其他老牌航空公司相比，西南航空的经营模式可将成本降低40%～50%，再加上高运载能力等因素，票价可降低60%，很多航线的客运量增加了两倍甚至三倍。这样一来，乘客就可以享受优惠的票价。

思考：

与竞争对手相比，西南航空的商业模式创新体现在哪里？

二、探索活动

中国企业的商业模式分析

活动目的：

能准确分析不同企业的商业模式，并从中获得启发。

背景资料：

竞争是商业活动中永恒的话题：20年前比产品，谁有好的产品，谁就能成功；10年前比渠道和品牌，谁的品牌影响大，谁的渠道终端广而有力，谁就能成功；那么今天的企业比拼的是什么？

我们看到，这是一个营销的4P（产品、价格、渠道、沟通）已经激烈竞争、高度同质化的时代，产品同质化、广告同质化、品牌同质化、促销同质化、渠道同质化、执行同质化，企业已经很难在这4P中的某一项脱颖而出，企业的竞争已经超越了营销这一层级，蔓延至更高层面——商业活动的全系统。

活动内容：

（1）请对下列企业的商业模式进行分析（见表 7-2）：

表 7-2 中国企业及其商业模式

公司名称	商业模式
京东商城	网上购物
途牛网	在线旅游服务
前程无忧网	人才招聘网站
淘宝商城	网上购物
聚美优品	网上购买化妆品
唯品会	做特卖的网站
呷哺呷哺	火锅店

（2）这些企业的商业模式对你有什么启发？

活动检测：

活动结束后，教师可根据表 7-3 进行评分。

表 7-3 活动评分表

评分标准	满分	实际得分	备注
能准确理解商业模式的含义	20		
能准确分析各企业的商业模式	20		
能找出各企业商业模式的差异	20		
能从活动中获得启发	20		
其他	20		
总　分	100		

第三节 撰写与评价创业计划书

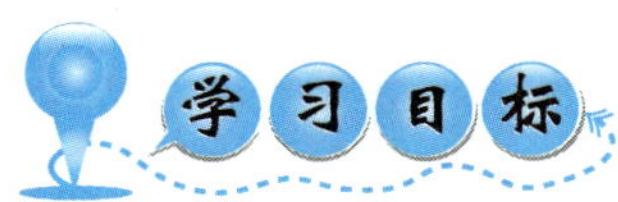

- 熟悉创业计划书的概念和基本结构。
- 掌握创业计划书的编写。
- 能够制定创业计划书。

名人语录

没有一个计划模型而贸然创业是十分危险的。

——田溯宁

问题导入

对于众多创业者来说，创业计划书是进行融资的必备文件。近年来，创业融资的程序日益规范，作为投资公司进行项目审批的正式文件之一，编写创业计划书已经成为越来越多创业者的“必修课程”。请同学们思考以下几个问题：

（1）创业计划书包括哪几部分内容？

（2）如何才能编写出一份高质量的创业计划书？

知识链接

一、创业计划书的概念

创业计划书又称商业计划书，是指创业者就某一具有市场前景的新产品或服务向风险投资者游说，以取得风险投资的商业可行性报告。

创业计划书是创业者叩响投资者大门的“敲门砖”，是创业者计划创立的业务的书面摘要，一份优秀的创业计划书往往会使创业者达到事半功倍的效果。

二、创业计划书的基本结构

一份完整的创业计划书由封面、目录、正文和附录四部分组成。

（一）封面

封面也称标题页，可以放一张企业的项目或产品彩图或企业 logo，但需留出足够的版面排列以下内容：创业计划书编号、标题、企业名称、项目名称、联系人及联系方式、公司主页、日期等。其中，标题明确了创业项目的名称，体现了创业企业的经营范围，标题一般在封面以醒目的字体标示出来，如《××创业计划书》。

（二）目录

目录是正文的索引，需要按照章节顺序逐一排列每章大标题、每节小标题，以及各章节对应的页码。初步写完创业计划书后，要注意确认目录页码与内容的一致性。例如，下面是《淘宝书店创业计划书》目录的部分内容：

目　录

第一章　淘宝书店概要……………………………3
（一）背景介绍……………………………………3
（二）书店简介……………………………………3
（三）宗旨…………………………………………3
（四）战略目标……………………………………4
（五）经营与服务…………………………………4
（六）市场分析……………………………………4
（七）营销策略……………………………………5
（八）财务预测……………………………………5
（九）融资计划……………………………………5
（十）创业团队介绍………………………………6
第二章　经营与服务………………………………6
（一）主营业务……………………………………6
（二）拓展业务……………………………………9
第三章　市场分析…………………………………10
第四章　选址分析…………………………………13
……

（三）正文

正文是创业计划书的主要内容，包括摘要、主体和结论三大部分。

1．摘要

摘要是整个计划书的精华和亮点，也是整个计划书的灵魂。摘要是企业的基本情况、竞争能力、市场地位、营销战略、管理策略，以及创业项目的投资前景及风险预测等方面的综合概述。

摘要是对整个创业计划书做出的精华式的总结，所以通常在计划书的主体完成后编写。一份出色的摘要应简短而精练，1～2 页纸即可。

拓展阅读

摘要的关键问题

鉴于摘要在创业计划书中的重要地位，摘要一定要简明生动、精炼贴切，不用面面俱到。可以试想一下，如果投资者在摘要中没有发现闪光点，创业计划书就有可能是一叠废纸，扮演不了帮助创业者融资成功的角色；而摘要部分应提纲挈领，能吸引人继续读下去，同时让创业者有希望成功融资。一般来讲，写摘要时可围绕以下关键问题进行展开。

第一组问题：

你的创意由来和存在的理由是什么？

你的理念是什么？

你能准确客观地描述你的目标市场吗？你了解它们吗？

你能给你的目标客户带来什么价值？他们为什么接受？

你预计市场占有份额和增长率会是多少？

你最大的竞争者是谁？你怎么办？

你需要多少投资？

第二组问题：

你预计需要多少融资？怎么安排资金？

销售额、成本及利润情况如何？

你会使用何种分销渠道？

你的核心能力是什么？

盈亏平衡点的时间是什么时候？

你有专利吗？如何保护它？

第三组问题：

你的团队能胜任吗？为什么？

你将如何分工？

你有行动时间安排表吗？列举行动计划。

为什么你是创业带头人？你能胜任吗？

2. 主体

主体是对摘要的具体展开。为了让读者一目了然，一般采取章节式、标题式的方式逐一描述。主体的内容具体包括企业介绍、市场分析、组织结构介绍、前景预测、营销策略描述、生产计划展示、财务规划和风险分析等。

3. 结论

结论是整个创业计划书内容的总结式概括。它和摘要首尾呼应，体现了文本的完整性。

（四）附录

附录是对主体部分的补充。受篇幅限制，不宜在主体部分过多描述的，不能在一个层面详细展示的，或需要提供参考资料、数据的内容，一般放在附录部分，以供参考。

创业计划书的附录一般包括以下内容：企业营业执照；审计报告；相关数据统计；财务报表；新产品鉴定；商业信函、合同等；相关荣誉证书等。

拓展阅读

编写创业计划书的六个 C（六要素）

第一个 C 是 Concept，概念。概念指的是：你在计划书里面写的让别人可以很快地知道你卖的是什么。

第二个 C 是 Customers，顾客。有了卖的东西以后，接下来要考虑卖给谁，谁是顾客，要明确顾客的范围。例如，假定女人都是顾客，那 50 岁以上的女人和 5 岁以下的女孩是否都是顾客，这一点需要界定清楚，即要明确适合的年龄层。

第三个 C 是 Competitions，竞争者。东西有没有人卖过？如果有人卖过是在哪里？有没有其他的东西可以取代？这些与竞争者的关系是直接的还是间接的？

第四个 C 是 Capabilities，能力。要卖的东西自己会不会，懂不懂？例如开餐馆，如果厨师不做了找不到人，自己会不会炒菜？如果没有这个能力，至少合伙人要会做，再不然也要有鉴赏的能力，不然最好不要做。

第五个 C 是 Capital，资本。资本可以是现金，也可以是资产，是可以换成现金的东西。那么资本在哪里？有多少？自有的部分有多少？可以借贷的有多少？这些都要很清楚。

第六个 C 是 Continuation，永续经营。当事业做得不错时，将来的计划是什么？

三、创业计划书具体内容的编写

（一）封面设计

封面是创业计划书的脸面，如同大学生的求职简历，它首先呈现在读者面前，因此一定要有独特的风格。创业计划书的封面重在设计，要求设计者要有一定的审美能力和艺术天赋。有人认为别人看不懂的一定是独特的，其实这是错误的认知。封面一般以简约、明确为主，忌晦涩怪异。例如，图 7-1 所示的封面既突出了创业项目，又具有一定的审美观和艺术性，能使阅读者产生最初的好感，形成良好的第一印象。

（二）企业介绍

企业介绍如同自我介绍，目的就是让投资者认识该企业。企业介绍中会涉及企业的基本概况（名称、组织形式、注册地址、联系方式等）、发展历史与现状、所提供的产品或服务的竞争力、未来的发展规划和目标等。其中，企业目标是企业要达到的效果，是企业发展的动力，在创业计划书中是亮点所在，因此必须下功夫写好。

图 7-1 广塑有限责任公司创业计划书封面

（三）市场分析

市场分析在整个创业计划书中起着举足轻重的作用，主要包括目标市场分析、行业分析、竞争对手分析等内容。

1. 目标市场分析

目标市场由著名的市场营销学者麦卡锡提出。他认为应当按消费者的特征把整个潜在市场分成若干部分，根据产品本身的特性选定其中部分消费者作为一个特定的群体，这一群体被称为目标市场。例如，对手机消费群体的分析如下：手机更新换代异常频繁，早已进入了寻常百姓家。但手机又有诸多消费群体，高端人士青睐外观精巧、质量上乘、功能先进的手机，商务人士喜欢具备多样化的商务功能的手机，学生一族追求时尚型手机，而普通百姓则以结实耐用的手机为首选。

对目标市场的分析，应从以下几个方面入手：

（1）你的细分市场是什么？

（2）你所拥有的市场有多大？

（3）你的市场份额是多少？

（4）你的目标顾客群是哪些或哪类人？

（5）你的五年生产计划、收入和利润是多少？

（6）你的营销策略是什么？

详细的目标市场分析能够促进投资者判断企业目标的合理程度及他们承担的风险的大小。在对目标市场的分析中，创业者需要阐明这样的观点：企业处在一个足够大、发展前景非常广阔的市场中，并有足够的能力应对来自各方面的竞争。

2. 行业分析

行业是企业要进入的市场。在创业计划书中，创业者要分析所入行业的市场全貌及关键性的影响因素。行业分析需要从以下几个方面来进行：

（1）该行业现状：处于萌芽期还是成熟期？发展到了何种程度？总销售额是多少？总收益如何？

（2）该行业的发展趋势：未来走向如何？

（3）该行业的影响因素：国家的政策导向、社会文化环境、竞争者的现状、行业壁垒等。

（4）该行业市场上的所有经济主体概况：竞争者、消费者、供应商、销售渠道等。

在进行行业分析时，应该对所选行业的基本特点、竞争状况及未来趋势有准确的把握，这些是建立在对所选行业充分了解的基础之上的。创业者只有做到这一点，才能了解行业发展规律，认清行业发展方向，确立企业发展目标。

3. 竞争对手分析

竞争对手是这样一类企业：它们在市场上和你的企业提供着相同或类似的产品和服务，并且在配置和使用市场资源过程中与你的企业具有一定的竞争性。如何打败竞争对手，如何在竞争中胜出是每个企业家都需要考虑的问题。

进行竞争对手分析时，应该从以下几个方面入手：

（1）你的竞争对手有哪些？你的主要竞争对手有哪些？你最大的竞争对手是谁？

（2）你的竞争对手的优势在哪里？有什么新动向？

（3）竞争中你具备哪些优势和劣势？优势如何发扬，劣势如何消除？

（4）你能否承受竞争所带来的压力？

（5）你将采取什么策略战胜竞争对手？

（四）产品（服务）介绍

在进行投资项目评估时，投资人最关心的问题之一就是：企业的产品（服务）能否及在多大程度上解决现实生活中的问题，或者，企业的产品（服务）能否帮助顾客节约开支、增加收入。因此，产品（服务）介绍是创业计划书中必不可少的一项内容。

产品介绍包括产品的名称、特性、市场竞争力、研发过程、品牌、专利、市场前景等。在产品（服务）介绍部分，通常要回答以下问题：

（1）顾客希望从企业的产品或服务中得到什么？

（2）与竞争对手相比，企业提供的产品或服务有哪些优势与劣势？企业采取何种办法取长补短？

（3）企业拥有哪些专利与许可？企业为自己的产品采取了哪些保护措施？

（4）企业对新产品或服务有何规划？

（5）企业的产品或服务定价为何能给企业带来长效利润？

（6）该产品或服务如何拥有稳定的顾客群？顾客群一旦缺失，企业该如何应对？

需要注意的是，任何一个创业者在创业之初都会对自己提供的产品或服务充满信心，因此在创业计划书的写作中难免会有许多赞美之词。但是，企业的种种承诺都是应该兑现的，因此，对产品或服务的介绍一定要实事求是，不能夸夸其谈。

（五）人员及组织结构说明

企业管理的好坏直接决定了企业经营风险的大小，而高素质的管理人员和良好的组织结构则是管理好企业的重要保证。因此，风险投资者会特别注重对企业管理人员及组织结构的评估。

（1）主要管理人员介绍。介绍他们的详细经历和背景，以及他们的职责和能力。具体来讲，主要管理人员介绍包括个人基本信息（姓名、年龄、政治面貌等）、工作履历、受教育程度、主要经历、道德素养和综合素质。

（2）组织结构介绍。组织结构即企业管理架构。组织结构的关键是分工明确，各司其职。此部分内容具体包括：企业的组织结构图；各部门的功能与责任；各部门的负责人及主要成员；企业的报酬体系；企业的股东名单，包括认股权、比例和特权；企业的董事会成员；各位董事的背景资料等。

（六）市场预测

市场预测就是运用科学的方法，对影响市场供求变化的诸多因素进行调查研究，分析和预见其发展趋势，掌握市场供求变化的规律，为经营决策提供可靠的基础。

在创业计划书中，市场预测应包括：市场现状综述、市场需求预测、竞争厂商概况、目标顾客和目标市场、本企业产品的市场地位等。

创业者对市场的预测应建立在严密、科学的市场调查基础上。企业所面对的市场本来就有变幻不定、难以捉摸的特点，因此，创业者应尽量扩大收集信息的范围，重视对环境的预测并采用科学的预测手段和方法。创业者应牢记的是，市场预测不是凭空想象，对市场错误的认识是企业经营失败的最主要原因之一。

（七）营销策略叙述

在创业计划书中，营销策略应包括：市场机构和营销渠道的选择、营销队伍建设和管理、促销计划和广告策略、价格决策等。

对于处于不同发展阶段的企业来说，其营销策略是不同的。对于创业企业来说，由于产品和企业的知名度低，很难进入其他企业已经稳定的销售渠道中去。因此，企业不得不暂时采取高成本、低效益的营销战略，如上门推销、大打商品广告、向批发商和零售商让

利，或交给任何愿意经销的企业销售等；而对发展中的企业来说，一方面可以利用原来的销售渠道，另一方面也可以开发新的销售渠道以适应企业的发展。

拓展阅读

营销计划的关键问题

第一组问题：

你的产品出厂价格是多少？

你希望最终的销售价格是多少？

你能控制最终价格吗？

定价的依据是什么？

在你的定价中，你的销售额是多少？利润是多少？

你的定价是合理的吗？为什么？

你的定价和营销战略是一致的吗？

如何应对市场价格混乱？

第二组问题：

目标客户中，哪些是最容易入手的？

你有多少条渠道？评价渠道的优劣情况。

在哪里可以买到你的产品？

你会通过哪些分销渠道来分别接近哪些目标客户？

你将如何让你的目标客户注意到你的产品？

你将如何与你的目标客户进行沟通？

你有一个很好聆听顾客心声的渠道吗？

你将如何争取第一批客户？

如何在竞争对手之前迅速占领市场？

你如何控制渠道？

如何管理一线推销员？

有广告计划吗？

第三组问题：

一线推销员是如何体现企业形象的？

广告和企业理念是一致的吗？

产品设计反映了客户价值吗？

（八）生产计划说明

生产计划作为创业计划书的重要组成部分，其作用在于使投资者了解企业的研究进度和所需资金。在这一部分，创业者应该明确业务流程。在业务流程中，创业者一定要明确其中的关键环节，要写明企业的基本运营周期及间隔时间，更要将季节性生产任务和生产中会遇到的问题及解决方案解释清楚。

具体来说，创业计划书中的生产计划应包括以下内容：厂房基本情况，包括地址、基础设施和基本配置情况；产品制造和技术设备现状；生产流程及关键环节介绍；新产品投产计划；生产经营成本分析；质量控制和改进计划及能力。

（九）财务规划描述

一份好的财务规划可以帮助企业降低经营风险，增强风险企业的评估价值，提高企业获取资金的可能性。财务规划一般写未来财务整体规划。

未来的财务规划是建立在生产计划和营销计划基础之上的。严格来说，创业计划书中的前述内容都可作为企业制定未来财务规划的依据。有理有据，有适当的假设，是做好财务规划的前提。创业者要做的工作是：论述未来3～5年内的生产运营费用和收入状况，将具体财务状况以财务报表的形式展示出来。

要写好财务规划，创业者必须要回答以下问题：

（1）单件产品的生产成本是多少？利润是多少？

（2）产品定价是多少？在固定时间段内产品的销售量有多少？

（3）雇佣哪些人生产、加工、销售产品？工资预算是多少？

提　示

财务规划需要财会方面的专业知识，要做到规划精细、账款明晰，最好由这方面的专业人员来撰写。专业人员能够避免财务报表漏洞百出，也能增强投资者的信任感。因此，创业管理团队中有熟悉财务的成员是非常必要的。

（十）风险分析

没有风险分析的创业计划书是不完整的，因为创业本身就带有一定的冒险性，创业过程中的风险也通常会让人始料不及。风险分析不仅能减轻投资者的疑虑，让他们对企业有全方位的了解，更能体现管理团队对市场的洞察力和解决问题的能力。在这一部分，创业者可以从以下几个方面进行阐述。

（1）市场风险。市场风险包括生产中可能遇到的问题、销售者未知的因素、竞争中难以预料的方面、顾客的不同需求与反馈等。

（2）技术风险。技术风险主要是技术研发中的困境，如技术力量不够强大、研发不到位、员工熟练程度不高、经验不足、研发资金短缺等。

（3）资金风险。创业者需要阐明可能出现的资金周转不畅和资金断流等问题，也要讲明万一企业遭遇清算的后果及遭遇清算后有无偿还资金的能力。

（4）管理风险。创业者要实事求是，不能刻意隐瞒管理方面的缺陷和漏洞，而要如实反映情况，诸如人手不足、经验欠缺、资源匮乏等。

（5）其他风险。企业的其他风险有很多，如政策的不确定性、经营中的突发状况、财务上的不确定因素等，都可以归入此类。

创业者的任务是，在对市场、技术、资金、管理等各方面风险进行分析之后，将这些风险及相应的解决方案用清晰的文字在创业计划书中反映出来。风险并不可怕，可怕的是没有应对风险的能力与对策。主动识别和讨论风险会极大地增加企业的信誉，使投资者更有信心。

拓展阅读

周鸿祎：教你打造十页完美的创业计划书

第一页，用几句话清楚说明你发现目前市场中存在一个什么空白点，或者存在一个什么问题，以及这个问题有多严重，几句话就够了。例如，现在网游市场里盗号严重，你有一个产品能解决这个问题，只需要一句话说清楚就可以。

第二页，你有什么样的解决方案或者什么样的产品，能够解决这个问题。你的方案或者产品是什么，提供了怎样的功能。

第三页，你的产品将面对的用户群是哪些，一定要有一个用户群的划分。

第四页，说明你的竞争力。为什么这件事情你能做，而别人不能做？是你有更多的免费贷款，还是存储可以不要钱？这只是个比方。否则如果这件事谁都能干，为什么要投资给你？你有什么特别的核心竞争力？有什么与众不同的地方？所以，关键不在于所干事情的大小，而在于你能比别人干得好，与别人干得不一样。

第五页，再论证一下这个市场有多大，你认为这个市场的未来是什么样。

第六页，说明你将如何挣钱。如果真的不知道怎么挣钱，你可以不说，可以老老实实地说，我不知道这个怎么挣钱，但是中国一亿用户会用，如果有一亿人用我觉得肯定有它的价值。想不清楚如何挣钱没有关系，投资人比你有经验，告诉他你的产品多有价值就行。

第七页，用简单的几句话告诉投资人，这个市场里有没有其他人在干，具体情况是怎样。不要说“我这个想法前无古人后无来者”这样的话，投资人一听这话就要打个问号。有其他人在做同样的事不可怕，重要的是你能不能对这个产业和行业有一个基本了解和客观认识。要说实话、干实事，可以进行一些简单的优劣分析。

第八页，突出自己的亮点。只要有一点比对方亮就行。刚出来的产品肯定有很多问题，说明你的优点在哪里。

第九页，进行财务分析，可以简单一些。不要预算未来三年挣多少钱，没人会信。说说未来一年或者六个月需要多少钱，用这些钱干什么？

第十页，如果别人还愿意听下去，介绍一下自己的团队，团队成员的优秀之处，以及自己做过什么。

一个包含以上内容的计划书，就是一份非常好的创业计划书了。

资料来源：创业邦

四、创业计划书的检查

由于创业计划书要准确回答投资者的疑问，争取投资者对创业企业的信心。因此，在创业计划书编写完成后，可以从以下几个方面对创业计划书进行检查：

（1）检查创业计划书逻辑是否清晰，论据是否充分，表达是否通俗易懂，语法是否正确，用词是否恰当。

（2）是否备有索引和目录，以便投资者可以较容易地查阅各个章节。

（3）是否编写了摘要并放在了最前面。如果已编写，检查摘要是否写得简明扼要、引人入胜。

（4）是否显示出你具有管理公司的经验？否则，一定要明确地说明你已经找了一位经营大师来管理你的公司。

（5）是否显示了你有能力偿还借款，从而增强投资者的信心。

（6）是否显示出你已进行过完整的市场分析，要让投资者坚信你在计划书中阐明的产品需求量是真实的。

（7）能否打消投资者对产品或服务的疑虑。如果需要，可以准备一件产品模型。

拓展训练

能力训练

确定你的创业项目，编写创业计划书。具体实施步骤如下：

（1）将全班学生分成若干小组，每组 4～6 人，设组长一名。

（2）以小组为单位，寻找与自己所学专业相关的创业项目，或者从自己生活的环境

中寻找创业项目。组长负责创业项目的最终确定。

（3）从网上搜索几篇优秀的创业计划书作为参考。

（4）各小组成员讨论创业计划书的基本结构与目录，组长负责最后敲定。

（5）组长对小组成员进行分工，每个成员编写创业计划书的一部分或几部分。最后由组长进行统稿并修改。

（6）创业计划完成后，可以同学之间交换阅读，指出对方的优点及不足之处，相互促进。

活动结束后，教师可根据表 7-4 进行评分，并评选出表现最优秀的一组。

表 7-4　评价表

评分标准	满分	实际得分	备注
所选创业项目具有可行性与典型性	20		
所写的创业计划书具有可参考性	20		
小组成员分工合理、明确	20		
编写过程中能团结协作	20		
计划书终稿结构完整、内容丰富、条理清晰	20		
总　分	100		

第八章 新创企业管理

自我思考：

正准备创业的你，是否还在为选择企业组织形式、申报公司、选择场所、营销策划、财务管理等问题而苦恼。本章将对上述问题一一进行讲解，以帮助创业者走好创业第一步。

请思考，你认为企业选址应考虑哪些因素？申报企业应遵循哪些流程？企业是否需要创立品牌？企业如何才能做大做强？

开篇故事

雪贝尔：开一间火一间

雪贝尔蛋糕店开一间火一间是业内有目共睹的。同样是蛋糕店，为什么雪贝尔就可以越开越火？

雪贝尔公司的原“选址员”、现雪贝尔深圳公司经理的倪修兵介绍说：“我刚刚到雪贝尔公司的工作就是选址，在广州培训了一个月后，我就被派到了人生地不熟的深圳，专门负责公司新开蛋糕店的选址。当时我选的店面是开一间火一间，所以我今天才坐到了经理的位置。”那么，倪修兵选址有什么诀窍？

倪修兵认为，开店的人都特别讲究一个人气，有人气才有生意。但是，是不是选择店址的时候，找准人多的地方就好呢？其实也不尽然。很多人都存在一个误区，那就是把人流量当成了一个地段好坏的唯一标准。诚然，人流量是决定生意成败的一个重要因素，但是了解客流的消费目标，才是更为重要的工作。在开店以前要研究的不是人有多少，而是这些人中，你的“潜在顾客”或者说“有效客流量”有多少。雪贝尔每建立一个新连锁店，都要做大量的最佳店址选择，其中一项最重要的工作就是测算分析人流量，他们派员工拿着秒表到目标场所测算流量。这些测算人员除了要汇报日人流数量以外，还要详细汇报以下数据：附近有多少路公共汽车经过；过往人中，多少是走路来的，多少是坐公共汽车来的，多少是打的或开车来的，这样来分析该地区人群的消费水平和消费习惯。

据了解，倪修兵可以很快成为选址专家，还在于他很有悟性，他发现肯德基与雪贝尔都同属于一种业态，于是就取巧地看肯德基开在哪里，雪贝尔的新店址就选在肯德基方圆百米内，这样一来新店生意果然火爆！

据了解，肯德基对餐饮店选址非常重视，选址决策一般是两级审批制，其选址成功率几乎是100%，是肯德基的核心竞争力之一。那么肯德基是如何选址的呢？

首先，划分商圈。肯德基计划进入某城市，会先通过有关部门或专业调查公司来收集这个地方的有关资料，然后开始规划商圈。商圈规划采取计分的方法，如这个地区有一个大型商场，商场营业额在1 000万元算1分，有一条公交路加多少分，有一条地铁线路加多少分。通过打分将商圈分成几大类，如市线商业型、区级商业型、定点（目标）消费型、社区型、旅游型等。

其次，选择商圈。在商圈的选址上，一方面要考虑餐馆自身的市场定位，另一方面要考虑商圈的稳定度和成熟度。餐馆的市场定位不同，吸引的顾客群不一样，商圈的选择也就不同。例如，马兰拉面和肯德基的市场定位不同，顾客群不一样，那么选址也肯定和肯德基不同。另外，商圈的成熟度和稳定度也非常重要，肯德基通常会选择成熟稳定的商圈。

最后，确定商圈内主要聚客点的位置并选择最佳聚客点。古语云“一步差三市”，意思是说开店地址差一步，就可能差三成生意。这跟人流活动的线路有关，即有的人走到这会拐弯，则这个地方就可能是客人到不了的地方，差不了一个小胡同，但生意却会差很多，这些在选址时都要考虑进去。肯德基选址人员会对人流活动的线路进行测量，有了一套完整的数据之后，才能确定地址。此外，人流是有一个主要活动线路的，如果竞争对手的聚客点比肯德基选址更好，那就会影响肯德基的生意。因此，肯德基在选址时还会考虑人流的主要活动线路是否会被竞品截流。

资料来源：道客巴巴

第一节　新企业创办

- 掌握企业的组织形式。
- 掌握新企业的注册流程。
- 掌握新企业的选址策略。
- 能够根据实际情况为新企业选择合适的组织形式。
- 能够模拟进行新企业的注册。
- 能够根据实际情况进行新企业选址。

名人语录

管理是一种实践，其本质不在于知，而在于行；其验证不在于逻辑，而在于成果。

——现代管理大师　彼得·德鲁克

创业者通过市场分析找到了创业机会，组建了创业团队，制定了创业计划书，获得了

创业资金后，就可以开始正式成立企业了。在创建企业时，请同学们认真思考以下问题：

（1）企业组织形式有多种，创业者该如何选择？

（2）影响企业选址的因素有哪些？

（3）申办企业要遵循哪些步骤？

企业组织形式的选择

一、新企业组织形式的选择

创业过程是一个建立组织和组织逐渐成长、发育的过程。创业第一步，除了做好资金、资源、心理等准备之外，极为重要的一件事就是针对自身情况，选择一个合适的组织形式。一般来说，创业者选择的企业组织形式有个人独资企业、合伙企业和公司企业三种。

1．个人独资企业

个人独资企业是最为简单的企业组织形式，是指依照《个人独资企业法》在中国境内设立的，由一个自然人投资，财产为投资人个人所有，投资人以其个人财产对企业债务承担无限责任的经营实体。

个人独资企业是非法人型企业，个人独资的财产属投资人个人所有，在企业财产无法清偿债务时，由投资人以个人财产承担债务。个人独资企业尤其适用于初涉市场、资金实力有限的创业者。

个人独资企业与个体户的区别

根据《个人独资企业法》规定，设立个人独资企业应当同时具备下列条件：

（1）投资人为一个自然人。

（2）有合法的企业名称。

（3）有投资人申报的出资。

（4）有固定的生产经营场所和必要的生产经营条件。

（5）有必要的从业人员。

2．合伙企业

合伙企业是指按照《合伙企业法》在中国境内设立的，由各合伙人订立合伙协议，共同出资、合伙经营、共享收益、共担风险，并对合伙企业债务承担无限连带责任的营利性组织。

合伙企业也是非法人型企业，不具备法人资格。在现代企业中，合伙企业所占比例很高，中外实践证明，合伙企业是一种灵活、简便又不失一定规范和规模的企业组织形式。

设立合伙企业，应当具备下列条件：

（1）合伙人应当为两个或两个以上的具有完全民事行为能力的人。合伙企业设立时，无民事行为能力的人与限制民事行为能力的人不得作为合伙人；法律、行政法规禁止从事营利性活动的人不得成为合伙企业的合伙人，如国家公务员。合伙人都应当依法承担无限责任，不存在承担有限责任的合伙人。

（2）合伙企业必须有书面合伙协议。合伙协议是由各合伙人协商一致，明确各合伙人权利义务的法律文件。合伙协议应采取书面方式订立，经全体合伙人签名、盖章后生效。合伙人依照合伙协议享有权利，承担义务。合伙协议生效后，全体合伙人经协商一致，可以修改或者进行补充。

3. 公司企业

1）有限责任公司

由于公司是所有企业组织形式中最成熟、最规范、最先进的，所以，不少投资者在进行投资时都选择了公司这一企业组织形式。根据我国《公司法》（2013 年 12 月 28 日修订）规定，设立有限责任公司，应当同时具备下列条件：

（1）股东符合法定人数。

（2）有符合公司章程规定的全体股东认缴的出资额。

（3）股东共同制定公司章程。

（4）有公司名称，并建立符合有限责任公司要求的组织机构。

（5）有公司住所。

2）股份有限公司

股份有限公司是指将公司全部资本分为等额股份，股东以其所持股份为限对公司承担责任，公司以其全部资产对公司的债务承担责任的企业法人。设立股份有限公司，应当具备下列条件：

（1）发起人符合法定人数。

（2）有符合公司章程规定的全体发起人认购的股本总额或者募集的实收股本总额。

（3）股份发行、筹办事项符合法律规定。

（4）发起人制订公司章程，采用募集方式设立的经创立大会通过。

（5）有公司名称，建立符合股份有限公司要求的组织机构。

（6）有公司住所。

各种组织形式没有绝对的好与坏之分，对创业者而言，需要考虑的是选择哪种组织形式更有利于创业企业的生存与发展。各种组织形式的优势与劣势的比较分析如表 8-1 所示，创业者必须选择合适的组织形式。

表 8-1 各种组织形式的优势与劣势

组织形式	优势	劣势
个人独资企业	① 企业设立、转让和解散等行为手续简便，仅向登记机关登记即可，且费用低； ② 创业者拥有对企业的控制权； ③ 企业经营灵活性强，可迅速对市场变化做出反应； ④ 利润归创业者所有，不需与他人分享； ⑤ 只需缴纳个人所得税，无须双重纳税； ⑥ 在技术和经费方面易于保密	① 创业者承担无限责任； ② 不易从企业外部获得信用资金，筹资困难； ③ 企业寿命有限，易随着创业者的退出而消亡； ④ 企业的成功更多地依赖创业者的个人能力； ⑤ 创业者投资的流动性低
合伙企业	① 企业设立较简单和容易，费用低； ② 企业经营具有高度的灵活性； ③ 企业资金来源较广，信用度较高	① 合伙人承担无限连带责任； ② 财产转让困难； ③ 融资能力有限，企业规模受限； ④ 企业往往因关键合伙人的意外或退出而解散； ⑤ 在合伙人对企业经营有分歧时，决策困难
有限责任公司	① 股东对公司只承担有限责任，风险小； ② 公司具有独立寿命，易于存续； ③ 公司所有权与经营权分离，聘任经理人管理，更能适应市场竞争； ④ 以出资人的出资额为限承担公司的经营风险； ⑤ 促使公司形成有效的治理结构； ⑥ 多元化产权结构有利于科学决策； ⑦ 可吸纳多个投资人，促进资本集中	① 公司设立程序比较复杂，费用较高； ② 税收负担较重，存在双重纳税问题； ③ 不能公开发行股票，筹集资金的规模与渠道受限； ④ 产权不能充分流动，资产运作受限
股份有限公司	① 股东只承担有限责任，风险小； ② 公司具有独立寿命，易于存续； ③ 公司产权可以股票形式充分流动； ④ 可聘任职业经理人管理，管理水平较高； ⑤ 筹资能力强	① 公司创立程序复杂，费用高； ② 税收负担较重，存在双重纳税问题； ③ 政府限制较多，法规要求比较严格； ④ 因公司要定期报告其财务状况，使公司的相关事务不能严格保密

二、新企业的注册流程

注册公司的一般流程

一般情况下，申办企业的流程如下：预先核准企业名称→工商注册登记→刻制印章→办理组织机构代码证→开立银行账户→办理税务登记→办理社会保险，如图 8-1 所示。

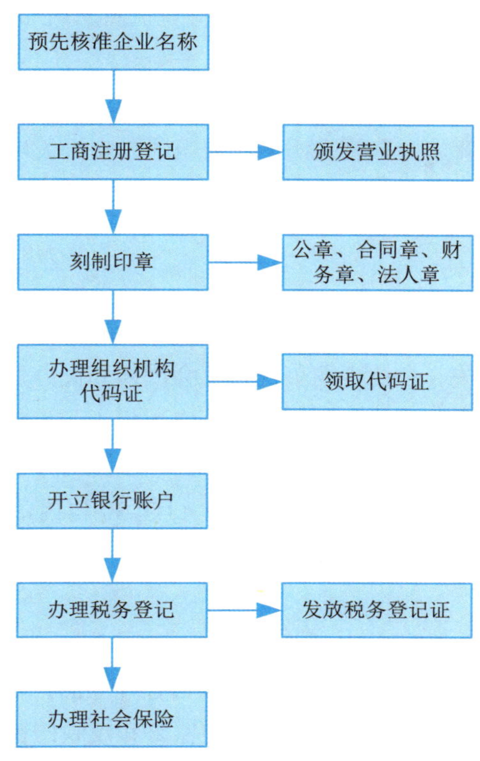

图 8-1　申办企业的流程

1. 预先核准企业名称

我国在公司登记工作中实行公司名称预先核准制。申请公司名称预先核准时，应由创业企业的代表或其委托代表人向登记主管部门提出名称预先核准申请，并提交如下文件：

（1）有限责任公司的全体股东或者股份有限公司的全体发起人签署的《公司名称预先核准申请书》。

（2）股东或发起人的法人资格证明或者自然人的身份证明。

（3）公司登记机关要求提交的其他文件。

2. 工商注册登记

（1）填写登记申请书。申请人应当按照国家工商行政管理总局制定的申请书格式文本提交申请，并按照企业登记法律、行政法规和国家工商行政管理总局规章的规定提交有关材料。涉及企业登记前置许可项目的，申请人应当提交法定形式的许可证件或者批准文件。

（2）颁发营业执照。营业执照是指工商行政管理机关发给工商企业、个体工商户的准许从事某项生产经营活动的凭证。没有营业执照的工商企业或个体工商户一律不许开业，不得刻制公章、签订合同、注册商标、刊登广告，银行不予开立账户。企业的营业执照类型有《个体独资企业营业执照》《合伙企业营业执照》《企业法人营业执照》等。

3．刻制印章

我国法律法规规定任何机关、组织、社会团体、企事业单位、公司及其他法人等刻制公章，必须经主管部门同意，凭有关证明文件向当地公安机关申请，经公安机关审查同意后，到指定的刻制单位刻制。完成刻制后，还需在公安机关及相应的主管部门进行印鉴备案。

4．办理组织机构代码证

组织机构代码证是社会经济活动中的通行证。组织机构代码是对中华人民共和国境内依法注册、依法登记的机关、企业事业单位、社会团体和民办非企业单位等机构颁发的，在全国范围内唯一的、始终不变的代码标识，其作用相当于单位的身份证号。

各类组织机构，包括国家机关、企业事业单位、社会团体、民办非企业单位和其他依法设立的组织机构应当自批准成立或核准登记之日起30日内，持有关批准文件或者登记证书，到批准成立或者核准登记的机关所在地的质量技术监督部门申请代码登记，领取代码证。

5．开立银行账户

银行账户是各单位为办理结算和申请贷款在银行开立的户头，也是单位委托银行办理信贷与转账结算及现金支付业务的工具，它具有监督和反映国民经济各部门、各单位活动的作用。根据《银行账户管理办法》，银行账户分为基本存款账户、一般存款账户、临时存款账户和专用存款账户，各类账户均有不同的设置和开户条件。

开立银行账户的程序包括以下内容：

（1）向中国人民银行办理银行开户许可手续，取得开户许可证。

（2）企业选定开户银行，向该银行领取开户申请书，如实填写并由主管部门审核盖章后，附上银行开户许可证、营业执照正本和企业代码证正本及复印件交开户银行审核。

（3）银行同意开户后，送交预留印鉴，包括企业财务专用章、法人代表章。

按结算要求，企业只能开设一个基本账户。根据业务需要，企业可以向开户银行购领有关结算凭证，如现金缴款单、支票等，所需款项可用现金支付，也可由银行转账。

6．办理税务登记证

依法纳税是每个创业者必须承担的社会责任。企业、企业在外地设立的分支机构和从事生产、经营的场所，个体工商户和从事生产、经营的事业单位自领取营业执照之日起30日内，持有关证件，向税务机构申报办理税务登记。税务机关应当自收到申报之日起30日内审核并发给税务登记证件。

申报办理税务登记的一般流程如下：第一，由纳税人主动提出申请登记报告，并提供营业执照，有关合同、章程、协议书，银行账号证明，居民身份证、护照或其他合法证件，以及税务机关要求提供的其他有关证件、资料。第二，如实填写税务登记表。第三，税务

机关审核后发给税务登记证件。

7. 办理社会保险

根据《社会保障费征缴暂行条例》，创业企业注册后还必须办理社会保险。根据《社会保险登记管理暂行办法》，对从事生产经营的单位自领取工商营业执照之日起30日内、非生产经营性单位自批准成立之日起30日内，到所在地社会保险经办机构申请办理社会保险登记。

三、新企业的选址

（一）影响企业选址的因素

创业者选择企业经营地址时，需考虑政治因素、经济因素、技术因素、社会文化因素、自然因素、人口因素等，其中经济因素和技术因素对选址决策起着基础作用。

1. 政治因素

选择企业地址时，创业者应重视对政府在市场发展、产业发展等方面相关规定的研究。研究政府已经出台的法律法规对企业产品或服务、销售价格和营销策略等产生的影响，使企业经营管理合法化；研究政府在不同时期发展产业的重点和优惠政策，可将企业建在政府支持该产业的地区，使企业抢占市场先机。

2. 经济因素

经济因素决定了企业预选地区的购买力，一般反映在该地区消费者的银行存款、收入水平、家庭总收入等指标上，这些数据与该地区是否繁荣有密切关系。创业者还应注意考察企业预选地区的商业环境，是否形成了具有竞争力的企业集群。创业者将地址选择在相关联企业比较集中的地区是比较容易获得成功的。

3. 技术因素

以科技研发与生产为方向的高科技企业在选址时，创业者可考虑将企业建在某地区的技术研发中心附近，或建在新技术信息快速传递的地区。创业者可及时了解和掌握国内外新技术发展变化的新规律、新特点和新趋势，避免技术本身进步的难以预测性和技术市场变化的不确定性对高科技企业带来的不利影响。

4. 社会文化因素

选择企业地址时，创业者应考虑企业地址所在城市的影响力、所在地区的社区文化与商业文化；分析企业产品或服务目标消费群体的文化品位与消费心理。不同文化背景的消费者，由于生活态度与价值取向的差异，导致他们对健康、营养、安全与环境等的关注程度不同，会直接影响企业产品或服务的市场需求与市场拓展。

5. 自然因素

创业者应该关注所选地址的地质状况、水资源的可用性、气候变化等自然因素是否符合企业生产与经营的客观需要。同时，应考虑地理环境对选址是否有利，一是交通便利与畅通的程度，交通条件便利与否对企业的营销有很大影响；二是所选地址周围的卫生与硬件设施情况及繁华程度，若企业地址选在卫生环境好且位于车站附近、商业区或人口密度高的地区或同一行业集中的地区，将具有较大的优势。

6. 人口因素

创业者应该对可能成为企业的消费群体有所了解。要重点了解该地区的人口结构、人口数量及人口稳定状况，以及消费者的职业与收入状况；还要了解消费者的购买习惯、消费能力等情况。人口因素往往反映该地区的市场需求及市场容量。一般情况下，企业地址附近的人口越多、越密集，对企业的经营发展就越好。例如，要开一家音像店，创业者就要了解该地区是否青少年居多，因为该群体购买音像制品的数量最多。

案例阅读

产品的价格取决于环境

孙小茜2007年从东华大学毕业时，在网上看到了郎咸平教授的一次演讲，他说，他在祖国大陆和台湾的两所大学里分别做了一个有关“大学毕业后干什么”的调查。祖国大陆的名牌大学毕业生大多都填“我要当CEO”，而在台湾，大学毕业生大都填“我要开咖啡馆”。于是她便在亲友的协助下，在上海佳木斯路上一个幽静的地段开了一家两层共计60多个座位的咖啡馆，环境优雅舒适，很有品位和格调。

但是，过了一段时间，她发现她的咖啡就算18元一杯，顾客都嫌贵而很少有人光临，而在徐家汇，48元一杯同样的咖啡却招来了不少顾客。后来她才发现，是她咖啡馆所处的地区消费能力不行，而且周边的社区以老住户的上海本地居民居多。在家的大多是退休的老人，而工作的人又无暇光顾，回到家已是晚上了。所以因为地段不好，而价格提不上去，效益也一般。

最后，她把咖啡馆承包给一对夫妇，自己去应聘到了一家室内设计公司，回到了自己大学的专业上。咖啡馆在这对夫妇的经营下，已经变成棋牌室的风格了。

资料来源：叶敏，谭润志，杨荣. 大学生创新创业教程.
上海：上海交通大学出版社.

（二）企业选址的策略和技巧

科学而行之有效的选址对企业的成长至关重要，因此，创业者必须掌握企业选址的策略和技巧。具体应注意以下几个方面：

（1）在收集与研究市场信息的基础上选址。市场信息对企业选址的影响是不可忽视

的，决定着创业者能否正确地做出选址决策。依据影响企业选址的各种因素，创业者可自己或借助中介机构收集市场信息，并对收集的多方面市场信息进行定性与定量的科学分析，在此基础上进行科学选址。

（2）在考察与评估备选地址的基础上选址。创业者要对多个备选地址进行实地考察，并采用科学的定量分析的方法对备选地址进行考察与评估。经过对备选地址的实地考察与定量分析，按照企业“必需的”和“希望的”选址条件，对备选地址进行详细的比较分析后，选择出最佳地址。

（3）在咨询与听取多方建议的基础上选址。创业者经过咨询有经验的企业家或相关人士，把企业选址的备选方案与最佳地址呈现出来，听取他们的意见与建议，获得有益的帮助；并综合分析各种信息、意见与建议，制定详细的备选地址优势与劣势对比表，按照企业所进入的行业特点与企业的市场定位等特征，综合运用选址的评估方法，最终做出正确的选址决策。

一、小组讨论

星巴克咖啡的选址

1．爱喝咖啡的人大概都听说过星巴克（Starbucks），星巴克是当下青年男女热衷的咖啡。请同学们讨论一下星巴克咖啡的选址策略？

2．王苏想开一家服装店。她在选择店面地点时，非常犹豫不决。当时，城南地段已有许多服装店，竞争非常激烈；而城北地区则没有什么服装店，无竞争对手。王苏不知该如何抉择。后来，他到一个公园里看到很多人在园内两个钓鱼池钓鱼，小钓鱼池处围满了人，而大钓鱼池冷冷清清的只有两三个人。经打探，原来是小鱼池鱼多，不断有人打上鱼来；而大鱼池鱼少，很少有人打上鱼来。王苏豁然开朗，很快就决定了创业地址。

讨论：如果你是王苏，你会在哪开办服装店？为什么？

3．讨论不同组织形式的优势和劣势，思考自己会选择哪种组织形式进行创业？

评分标准：① 积极参与讨论（25 分）；② 观点新颖、合理（25 分）；③ 能够大胆表达自己的想法（25 分）；④ 语言表达流畅（25 分）。

二、探索活动

企业选址调研

活动内容：

以小组为单位，根据所选择的不同经营内容，进行选址调研，并制定选址方案。调研内容包括：

（1）企业目标客户在哪些地方？

（2）所选地址的日客流量是多少？

（3）所选地址的房租在什么价位？

（4）所选地址有多少家同行业者？他们的实力如何？

（5）所选地区是否具有长远的发展前景？

（6）所选地区的经济是否繁荣？

（7）所选地区消费者的收入、文化品位和消费心理呈现什么特点？

（8）所选地区的交通是否便利？

实施步骤：

第一步：由教师对学生进行分组，每4～6人为一组，选出一个小组负责人。

第二步：小组编写调研方案，确定调研内容、调研方法、调研人员及分工等事项。

第三步：实施调研。

第四步：编写选址方案。

第五步：将选址方案制作成PPT，由小组负责人上台展示。

第六步：教师进行点评。

活动检测：

活动结束后，教师可根据表8-2进行评分。

表8-2　探索活动评价表

评分标准	满分	实际得分	备注
按要求实施了调研	25		
选址报告结构完整、分析合理	25		
掌握了企业选址的技巧	25		
PPT制作精美、讲解清晰流畅	25		
总　分	100		

第二节　新企业的营销与财务管理

➢ 理解营销的基本理论，掌握品牌建设、构建营销渠道的相关知识。

➢ 熟悉新企业财务管理的相关知识。

➢ 能够根据实际情况制定营销管理、财务管理制度。

名人语录

质量是维护顾客忠诚的最好保证。

——杰克·韦尔奇

问题导入

企业创办之后，会面临营销管理和财务管理问题。营销管理是企业为了实现自身目标，建立和维护与目标顾客互利的交换关系，而进行的各种分析、企划、执行和控制活动。财务管理就是对单位的资金或资产及由此产生的财务关系实行有效的管理，实现单位利益最大化。在进行下面的学习之前，请同学们思考以下问题：

（1）企业营销策略有哪些？请结合身边的例子进行说明。

（2）企业可通过什么方式来减少企业的支出？

（3）企业应该如何建立公司的财务管理体系，以控制公司在运营过程中的风险？

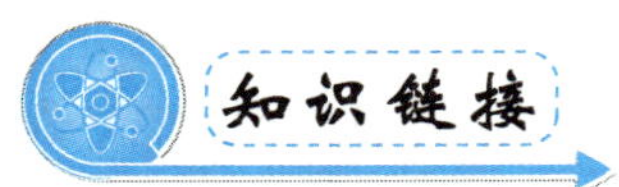

知识链接

一、新企业的营销管理

（一）营销经典理论

1. 4P 理论

4P 即产品（Product）、价格（Price）、渠道（Place）、促销（Promotion）四要素，4P 理论由密西根大学教授杰罗姆·麦卡锡于 1960 年提出。

2. 4C 理论

20 世纪 90 年代，随着市场竞争的激烈、消费者主权和消费个性化的日益突出，加之媒体的迅猛发展，传统的 4P 逐渐被 4C 所挑战。4C 即客户需求（Consumer's Needs）、客户成本（Cost）、客户沟通（Communications）、客户便利（Convenience）。4C 的核心是客户战略，这也是许多成功企业的基本战略原则。例如，沃尔玛实行的基本价值观就是“客户永远是对的”。

3. 4R 理论

随着时代的发展，以客户战略为核心的 4C 理论也显现出了其局限性。当客户需求与社会原则相冲突时，客户战略也是不适应的。2001 年，美国的唐·E. 舒尔茨提出了关系

（Relationship）、反应（Reaction）、关联（Relevancy）和报酬（Rewards）的 4R 新说，该理论侧重于用更有效的方式在企业和客户之间建立起有别于传统的新型关系。

（二）品牌建设

品牌是一种名称、术语、标记、符号或设计，或者是它们的组合运用。其目的是借以辨认某个销售者的产品或服务，并使之同竞争者的产品或服务区别开来。品牌建设的核心是品牌定位，确定好定位后，品牌元素及产品设计等都是围绕定位设立。

1．品牌定位

品牌定位是指为某个特定品牌确定一个适当的市场位置，使商品在客户的心中占领一个特殊的位置，当某种需要突然产生时，随即想到的品牌。例如，在炎热的夏天突然口渴时，人们会立刻想到“可口可乐”红白相间的清凉爽口。

1）品牌定位的关键是“抓住客户的心”

客户有不同类型，不同消费层次，不同消费习惯和偏好，企业的品牌定位要从主客观条件和因素出发，寻找适合竞争目标要求的目标客户。要根据市场细分中的特定细分市场，满足特定客户的特定需要，找准市场空隙，细化品牌定位。

客户的需求也是不断变化的，企业还可以根据时代的进步和新产品发展的趋势，引导目标客户产生新的需求，形成新的品牌定位。品牌定位一定要摸准顾客的心，唤起他们内心的需要，这是品牌定位的关键。如何做到这一点呢？必须带给客户以实际的利益，满足他们某种切实的需要。

2）品牌定位的核心是“差异化”

“带给客户实际的利益”不意味着你的品牌就能受到青睐，因为市场上还有许许多多企业在生产同样的产品，也能给顾客带来同样的利益。企业品牌要脱颖而出，还必须尽力塑造差异，只有与众不同的特点才容易吸引人的注意力。

这种差异可以表现在许多方面，如质量、价格、技术、包装、售后服务等，甚至还可以是脱离产品本身的某种想象出来的概念。如万宝路所体现出来的自由、奔放、豪爽、原野、力量的男子汉形象，与香烟本身没有任何关系，而是人为渲染出来的一种抽象概念。

一个品牌要让客户接受，完全不必把它塑造成全能形象，只要有一方面胜出就已具有优势，国外许多知名品牌往往也只靠某一方面的优势而成为名牌。例如，在汽车市场上，沃尔沃强调它的“安全与耐用”，菲亚特诉说“精力充沛”，奔驰宣称“高贵、王者、显赫、至尊”，宝马却津津乐道它的“驾驶乐趣”。这些品牌都拥有了自己的一方沃土，不断成长。因此，想要尽可能满足客户的所有愿望是愚蠢的，每一个品牌必须挖掘客户感兴趣的某一点，而一旦客户产生这一方面的需求，首先就会立即想到它。

2．目标客户的寻找

建立企业品牌的首要工作是找到最看重你的产品或服务的目标客户。在企业确定目标客户时，最怕的一句话就是“老少皆宜”，产品或服务谁都合适。也许你的企业在经过长期发展壮大后，能使每个人都成为你的客户。但是，在企业创建初期，是绝对不可能的。因此，企业必须将市场细分，将目标客户精确到某一类型的客户。例如，可口可乐将其目标客户定位为年轻人；iPhone 的目标客户定位为追求时尚的年轻人、白领和商务人士。

1）细分市场

市场细分的主要依据主要有：地理标准、人口标准、心理标准和行为标准，根据这些标准进行的市场细分分别是地理细分、人口细分、心理细分和行为细分。

（1）地理细分：将市场分为不同的地理单位，地理标准可以选择国家、省、地区、县、市或居民区等。由于不同地区的客户有着不同的生活习惯、生活方式、风俗习惯等偏好，因而需求也是不同的。例如，北方比较干燥，而南方比较潮湿，因此，加湿器的目标客户主要是北方的居民。

（2）人口细分：根据客户的年龄、性别、家庭规模、家庭生命周期、收入、职业、受教育程度等因素将市场分为若干群体。例如，青年人花钱大方，追求时尚和新潮刺激；而中老年人的要求则相对保守稳健，更加追求实用、功效，讲究物美价廉。

（3）心理细分：根据客户所处的社会阶层、生活方式及个性特征对市场加以细分，在同一地理细分市场中的人可能显示出迥然不同的心理特征。例如，美国一家制药公司就以此将客户分为现实主义者、相信权威者、持怀疑态度者、多愁善感者等四种类型。

（4）行为细分：根据客户对品牌的了解、使用情况及其反应对市场进行细分。这方面的细分因素主要有以下几项：

① 时机：顾客购买品牌或使用品牌的时机，如结婚、升学等。

② 购买频率：是经常购买还是偶尔购买。

③ 购买利益：价格便宜、方便实用、新潮时尚、炫耀等。

④ 使用者状况：曾使用过，未曾使用过，初次使用、潜在使用者。

⑤ 品牌了解：不了解、听说过、有兴趣、希望买、准备买等。

⑥ 态度：热情、肯定、漠不关心、否定、敌视。

2）确定目标市场

在市场细分的基础上对细分出来的子市场进行评估以确定品牌应定位的目标市场。评估时应考虑三个方面的因素：细分市场的规模、细分市场的内部结构吸引力和企业的资源条件。

（1）对小企业而言，市场规模越大需要投入的资源越多，而且对大企业的吸引力也越大，竞争也就越激烈，因此，选择不被大企业看重的较小细分市场反而是上策。

（2）细分市场内部结构吸引力取决于该细分市场潜在的竞争力，竞争者越多，竞争越激烈，该细分市场的吸引力就越小。

（3）虽然某些细分市场具有较大的吸引力，有理想的需求规模，但如果和企业的长期发展不一致，企业也应放弃进入。而且，即使和企业目标相符，但企业的技术资源、财力、人力资源有限，不能保证该细分市场的成功，则企业也应果断舍弃。

因此，对细分市场的评估应从上述三个方面综合考虑，全面权衡，这样评估出来的目标市场才有意义。

3．品牌元素的设计

企业和产品在推向市场时，有必要对其所有品牌元素进行整体设计，以符合其定位的要求。品牌元素包括品牌名称、标识、图标、包装、广告语、网址等。美国品牌权威凯文·莱恩·凯勒认为品牌元素的选择标准有六个：可记忆性、有含义性、可爱性、可转换性、可适应性和可保护性。

- 品牌名称：是代表品牌的最核心元素，这是让目标客户形成认知的关键点。一个好的品牌名称可以为企业节约大量的传播费用，并能传达品牌的核心价值。例如，“可口可乐”“苹果手机”就具有极强的品牌价值。
- 品牌标志与图标：品牌的标识和图标关系着企业和产品的视觉效果，是重要的传播元素，对于消费品和服务企业来说尤其如此。例如，麦当劳的大 M 型黄色拱门非常醒目；苹果公司的图标则设计为一个艺术化了的被咬掉一口的苹果，直接和品牌名称联系起来，又表达了创新和智慧的内涵。

- 包装：产品包装对于消费者来说是极其关键的品牌元素，被称为是“营销的最后五秒钟”。新企业设计产品包装时，需要以颜色、形状和材料等要素突出自己的品牌特点，形成视觉上的差异，并引导消费者产生积极的品牌联想。
- 广告语：品牌的广告语是用于营销传播的重要元素，广告语要将产品的最大特点或用途表达出来，并且说起来非常顺口，甚至可以在社会上成为流行的时尚语言。例如，英特尔“给电脑一颗奔腾的芯”，雕牌洗衣粉“不买贵的，只选对的”，雀巢咖啡“味道好极了”等。
- 网址：网址对于互联网公司来说至关重要，其本身也是品牌名称。通常网络公司有一个中文名字和 URL 网址，两者结合得非常紧密，多数情况下名称的拼音就作为 URL 网址。例如，淘宝网的名称与网址完全吻合，易读、易记。

（三）构建营销渠道

产品制造商都会面临营销渠道的问题，但若企业本身是中间商或零售商，那么它自己就是渠道成员。新企业的营销渠道建设需要从整体上来布局，对所有可能的渠道进行调研和综合评估，逐步构建渠道价值网络。

1．渠道管理思维

新企业的营销管理者必须建立正确的渠道管理思维，要注意以下几点：

（1）营销渠道不仅要解决客户买得到产品的问题，更重要的是要与品牌定位和产品

特点相匹配，使之相得益彰发挥协同效应。

（2）渠道是合作伙伴，而不是最终消费者；新企业需要帮助渠道伙伴顺利分销产品，直至产品被最终消费者购买和使用，这才算渠道工作的真正完成。以往有些新企业常常误以为把产品销售给渠道成员就行了，它卖不卖得出去不关我制造企业的事，我只管收回货款就完事了，这种狭隘的做法是完全错误的，最终会导致渠道销售无法畅通运行。

（3）要建立渠道影响力。渠道是独立的企业，这就必然会因为利益上的分歧带来管理上的冲突。对待渠道成员应该恩威并施，尽量成为渠道的领导者，通过建设品牌、掌握渠道核心工作和建立后备梯队等方式来获得渠道权力。

2．渠道战略决策

企业要考虑渠道是自建还是借用现成渠道。绝大多数企业都会考虑借用营销中介机构和零售机构的现成渠道。对几乎所有快速消费品和部分耐用消费品行业，企业都是借用外部渠道而不是自建渠道。对于借助外部渠道资源的快速消费品企业，其自有销售人员主要开展渠道服务和促销工作；耐用消费品通常也借用外部渠道资源，但企业会有服务于渠道的销售队伍和外聘的终端促销人员队伍支持，品牌发展到一定程度可能会自建销售公司和品牌专卖店。

提　示

快速消费品是指使用寿命较短、消费速度较快的消费品，主要包括日化用品、食品饮料、烟酒等；耐用消费品是指使用周期较长、一次性投资较大的消费品，包括（但不限于）家用电器、家具、汽车等。

3．渠道系统设计

企业要设计一套适合自身情况的渠道方案，应该树立品牌先行的思想。所谓品牌先行，就是先做打造品牌的渠道，再做提升销量的渠道。由于企业的产品对于目标客户来说是不熟悉的，这时需要能够为客户提供介绍、展示、试用等渠道服务，这类渠道就是可以打造品牌的渠道。例如，专卖店就是做品牌的一种终端渠道，五星级酒店、高端会所等高档次消费场所也是品牌型渠道。作为弱小的企业，在渠道资源的选择上需要另辟蹊径开拓新的渠道，避开强势竞争对手的锋芒，建立属于自己的独特渠道系统。

4．营销渠道管理

企业需要对营销渠道进行长期的管理和维护，持续改进渠道绩效。首先，在对渠道成员的选择上，需要对渠道成员的资源能力、合作意愿和行业口碑等方面进行综合评价，选择资源能力符合要求、合作意愿强烈和口碑不错的渠道作合作伙伴。其次是对渠道成员进行培训，包括产品知识和营销技巧的培训，这种培训能直接提高渠道成员的销售能力和意愿；再次是激励渠道成员，要制定一套激励措施，定期给予渠道成员一定的激励，如年终

返点、销售竞赛活动等；最后是对渠道成员的绩效进行评估，包括销售指标完成情况、合作水平、特别贡献等方面的评估，对业绩优异的渠道成员进行奖励和经验推广，对于业绩不理想的渠道成员，则寻找原因加以改进甚至予以更换。

二、新企业的财务管理

1．加强现金流预算与控制

企业财务管理首先应关注现金流量，而不是会计利润。现金流是创业企业的命脉，其预算与控制是财务控制的一个关键点，新企业应该通过现金流预算管理来做好现金流量控制。新企业要努力保障企业的账上有不少于 6 个月（完成一轮融资通常需要 6 个月时间）的现金储备，以避免资金断流。

2．仔细权衡投资的回报与付出

即使在产品销售情况良好、短期现金流充裕的情况下，新企业仍然需要全面考虑新增投资的回报率、回收期，以及由于新增投资所带来的对企业现有能力的挑战和管理等连带问题；更需要客观评价新增投资的发展前景及对现有业务发展的价值。在新企业创办初期，市场竞争地位才刚刚确立，经营的过于分散化会削弱企业原有核心业务能力。

3．充分利用产业平台

对于高科技的新企业，应该充分利用所在地区的园区、孵化器等产业平台，争取政府基金及相关政策的支持，这是一种成本相对较低的缓解现金流短缺的方法。孵化器通常是大量政府政策资源的聚集地，孵化器内的新企业在政策资源上有着得天独厚的优势，通过关注、利用政府机构制定的相关法律条例，创业者有可能争取到政策性低息贷款或无偿扶持基金（如创新基金），以及写字楼或者孵化器提供的廉价房租等。

4．增收节支，开源节流

开源节流是企业经营中最朴实、最实用的手段和策略。节流不是简单地减少支出，而是通过费用支出结构分析、支出的必要性和经济性分析，采取措施来改善费用支出的使用效果。

5．财务风险控制

对于初创期或成长期的企业来说，需要大量的运营资本来应付快速增长的应付账款和存货，举债经营成为企业发展的途径之一。有效利用债务可以提高企业的收益，但企业举债经营会对企业自有资金的盈利能力造成影响，由于负债要支付利息，债务人对企业的资产有优先权利，万一企业经营不善，或有其他不利因素，则企业资不抵债、破产倒闭的风险就会加大。因此，新企业必须正确客观地评估财务风险，采取稳步发展的财务策略。

6．资金控制

在市场竞争异常激烈的今天，新企业往往不得以信用形式进行业务交易，经营中应收账款比率难以降低。应收账款是一个重要的财务控制点。应收账款是指尚未收回的货款或者所提供服务应得的款项，许多大企业认为可以延迟支付小企业或新企业的欠款，因为小企业或新企业几乎没有讨价议价的能力。另外，许多新企业或者处于发展早期的企业经常通过给那些风险更大、在别处贷不到款的客户更大的个人信誉（以个人信誉来担保的应收账款）来获得业务，但这样做的隐患很大，许多初创期企业都由于未能收回欠款而导致破产。

新企业控制好应收账款应处理好三方面的问题：一是客观评价客户资信程度；二是建立合理的信用标准；三是对所发生的应收账款和客户要强化管理，制定催款计划，定期向赊销客户寄送对账单和催缴欠款通知书，或者拨打催款电话，同时要对经常性业务往来的赊销客户进行单独管理。

拓展训练

一、小组讨论

格力空调的价格策略

有些企业为了扩大销量，快速占领市场份额，采用较低的价格销售产品。你认为这种价格策略是否有利于品牌的建设？为什么？请同学们扫一扫右上方的二维码，了解格力空调的价格策略是怎样的？你认同这种价格策略吗？请同学就上述问题开展讨论。

评分标准：能积极参与讨论（20 分），观点有新意（20 分），分析有条理（20 分），踊跃发言（20 分），语言清晰、表达流畅（20 分）。

二、探索活动

建立公司品牌的探索

活动内容：

假设你要创办一个企业，你将如何创建自己的品牌，请将你的想法填写到表 8-3 中。

表 8-3 建立公司品牌的策略

目标客户	核心产品	产品特色	价格策略	营销策略	其他

活动检测：

活动结束后，教师可根据表 8-4 进行评分。

表 8-4　探索活动评价表

评分标准	满分	实际得分	备注
目标客户判断正确	20		
所选取的产品有特色（差异化）	20		
制定合理的价格策略	20		
制定合理的营销策略	20		
制定合理的促销策略	10		
其他	10		
总　分	100		

三、能力训练

1．不知从何时开始，女孩们买衣服的习惯悄悄地发生了变化：首先，网购的品种和数量越来越多了；其次，购物的方式也变了。通常女生在网上看到一件品牌服装，但是对面料、是否合身还拿不准时，往往就来到现实中的品牌店了。她们根据自己在网上看到的服装，按图索骥地找到服装，然后试衣，挑选，最后回到网上购买。因此，当她们网购的服装寄来时，女孩已经知道这件衣服肯定是自己满意的了。

问题：

（1）你认为互联网时代的购物与传统商业模式的购物有哪些不同？

（2）分析女孩们为什么喜欢这样网购？说明了女孩的什么心理？

（3）给未来品牌服装设计一个新的营销模式，并说明道理。

2．分析企业资金管理常会出现的一些问题，根据拟创办企业的自身情况，制定企业现金管理和使用的制度，制定公司成本控制的有效措施。

要求：

（1）了解企业所属行业的资金运作特点。

（2）通过网络等途径搜集相关行业企业的资金运作情况。

（3）讨论同行企业的资金运作特点，总结哪些经验可以借鉴。

四、视频推荐

中国品牌故事：格力电器

微信扫码观看《中国品牌故事：格力电器》

推荐理由：

格力电器成立于 1991 年，创业初期只有一条简陋的、年产量不过 2 万台窗式空调的生产线。1994—1996 年，公司开始以抓质量为中心，提出了“出精品、创名牌、上规模、创世界一流水平”的质量方针，建立和完善质量管理体系，推行

“零缺陷工程”，使格力电器在质量上实现了质的飞跃。2005 年，格力电器实现销售收入 196 亿元，实现利润总额 7.4 亿元，出口创汇 5.5 亿美元。2014 年，格力电器营业总收入达到 1 400.05 亿元，实现净利润 141.55 亿元。2015 年，格力电器挺进福布斯全球 500 强，排名第 385 位。

观看完后，请思考以下问题：

（1）格力电器的品牌定位是什么？

（2）格力电器是如何打造自身品牌效应的？

（3）你认为格力电器未来的发展方向是什么？

第三节　新企业的成长管理及策略

- 理解新企业成长的驱动因素。
- 掌握新企业成长管理及策略。
- 能够根据实际情况制定新企业成长管理及策略。

名人语录

一个企业都是从小长到大的，别着急，企业大概有一年半到两年是瓶颈期，特别难，然后突破瓶颈，开始成长、膨胀，业务增多，然后陷入经济危机，这时需要迅速调整，调整过来就好了，调整不过来就死掉。所以我清楚，头两年要克服瓶颈，之后要控制组织，有了这样一套东西以后，我们心平气和了，知道一个企业要做大要用很多年的时间。

——万通控股董事长　冯仑

新企业成立后，一般会遵循创立初期、成长期、成熟期和衰退期四个阶段。人们一般把处于创业初期和发展期的企业界定为新企业。在这两个阶段，企业的发展至关重要，关系到企业能否长久发展。请同学们思考：

（1）新企业成长的驱动因素有哪些？

（2）创业者应如何进行新企业成长管理？

知识链接

一、企业成长周期

根据企业生命周期理论，一个企业的发展可以分为初创期、成长期、成熟期和衰退期四个阶段。

1. 初创期

初创期是一个企业不断摸索、学习和求得生存的阶段。由于企业刚刚成立，企业主或创始人的素质或风格关系到企业的成败，企业的创始人是一切的核心。

这一时期，企业缺乏规范化管理，往往没有明确的规章制度，经营方针也比较模糊。企业的经营管理处于不稳定状态中，经常被意想不到的危机所左右，没有明确的战略和成型的企业文化，总体来看，企业的经营和管理处于一种不断摸索的状态之中。但处于这一阶段企业的创新能力也最强。

随着企业的成长，具有创造性思想但管理不正规的企业创始人被过多的细小行政事务和具体经营问题所困扰，不再能够有效地管理企业时，就要对企业进行变革。此时就要调整企业的组织结构并建立一个正规的领导班子，从而使企业过渡到成长阶段。

2. 成长期

成长期是企业的快速发展阶段。在这一阶段，企业产品开始为客户所接受，市场份额不断扩大，企业销售能力增强。企业规模不断扩大，在发展速度上可能会有波动，但总体上保持较高的增长速度。然而，企业管理水平低下，员工们缺乏对企业发展方向的理解，缺少称职的管理人员，企业运行效率也不高，在销售额上持续增长但利润却没有起色。

此外，人力资源管理也是一个问题，引进的职业经理人带来了职业化专业管理与企业家式管理的矛盾。在这一阶段，应当努力使企业走上规范的发展轨道，要通过完善企业规章制度，使企业的组织形式真正发挥作用。

3. 成熟期

成熟期是指企业扩张到一定的程度，市场占有率和收益达到最大化、企业声誉很高的时期。进入成熟期后，企业的主要业务已经稳定下来，产品销售额保持在较高和较稳定的水平。职业型的企业家也开始进入企业，在成熟期，企业的灵活性和可控性达到平衡，兼有能力与自律、具有眼光又能自我控制，形式与功能也都达到了平衡。

这时，企业高层管理人员的经验已比较丰富，能根据需求变化及时开发新产品，产品标准化有所提高，管理走向正规化，企业产品的知名度和市场占有率都有很大的提高，并且通过各种媒体渠道在公众中树立了形象。

这一阶段，企业各项管理制度比较完善，企业的管理人员也相应改变他们的技巧和能

力，成为专业的管理人员，从而减少了管理失误带来的风险，因此，企业的管理也进入专业化管理阶段。不过稳定的经营状况保持一段时间之后，专业化管理也带来了管理上的僵化而缺乏活力，企业的创新受到了极大的限制，这是因为各种极具约束力的规章制度往往会使企业丧失活力并导致官僚主义的盛行。企业经过初创期、成长期的艰苦创业后，往往在环境相对舒适的成熟期趋向保守，缺乏对新事物的敏感性和强烈的改革要求。

4. 衰退期

衰退期是企业生命周期中的最后一个阶段，具有以下特征：一是钱越来越多地花在了控制系统、福利措施和一般设备上；二是人们越来越强调做事方式，而不问所做的内容和原因；三是人们越来越拘泥于传统、注重于形式；四是企业内部越来越缺乏创新机制。在衰退期，最为明显的行为特征是：企业内部冲突不断、谣言四起，企业各部门注意力集中到内部地位之争，人们强调的更多的是谁造成了问题，而很少考虑去采取补救性措施以解决问题。

任何企业，不论其规模多么庞大、业绩如何辉煌，都会经历衰退期。衰退的原因，可能是由于竞争激烈而带来的市场饱和，或是领导与管理方式的退化，也可能是由于文化缺乏创新。

二、新企业成长的驱动因素

新企业成长的驱动因素主要有以下几个方面。

（一）创业者驱动

创业者是新企业的决策者和领导者，对新企业成长的驱动具有重要意义。创业者驱动主要包括以下两个方面。

1. 创业者能力驱动

创业者勇于向环境挑战、识别和把握机会的能力使其能把各种资源从生产率较低、产量较小的领域转到生产率较高、产量较大的领域，能让新企业具有创新的优势，并赢得快速成长的机会。

2. 创业者的成长欲望驱动

新企业生产产品并投入市场，在赢得一定利润后，创业者一般并不满足于企业经营现状，而是利用利润进行再投资，使新企业快速成长，更多地占领市场经营份额。创业者创办企业勇往直前的激情，使其在实现企业目标时更加坚决、乐观和持之以恒，这种高成就动机不仅使消费者、资源提供者及企业员工深深信服，更能激发团队成员的工作热情，进而实现企业的快速发展。

（二）创业团队驱动

创业团队是影响新企业成长的重要因素。创业团队的特征不同将影响新企业的成长，其特征主要表现在创业精神、专业水平和组织方式三个方面。

1. 创业团队的创业精神驱动

创业精神在精神层面上表现为创业欲望、决心和干劲等，在本质层面上彰显着创业价值观。创业价值观作为创业精神的核心，对新企业的价值取向起着引领和支配作用，并在企业成长中，形成创业战略与创业文化，从而决定新企业的创业取向。

2. 创业团队的专业水平驱动

专业水平主要是指创业团队在技术、营销、管理方面的专业素质和能力水平，它属于技术层面的特征。专业水平作为创业团队推动新企业成长的实践动力，在很大程度上体现了创业团队的价值，其专业水平越高，对新企业发展的影响作用越大。

3. 创业团队的组织方式驱动

组织方式主要体现为创业团队的组织形式和治理结构，它属于运作机制和制度范畴层面的特征，对创业团队起着激励创业热情、管理创业活动、提高创业能力的功能保障作用。实践表明，创业团队的组织方式能在新企业战略制定、经营管理、人才吸引和技术创新等方面，为新企业的成长提供强大的机制功能和促进作用。

（三）市场驱动

在市场经济背景下，市场是企业的根本。新企业进入成长期，面临着更加激烈的市场竞争，其成长与发展举步维艰。但由于供应商的竞价力、消费者的满意度、新进入企业的威胁、替代品的冲击、行业内竞争者的竞争等因素的存在，驱动着新企业的成长。

1. 供应商的竞价力驱动

供应商主要通过提高价格与降低单位产品质量来影响产品竞争力与新企业的盈利能力。供应商驱动力量的强弱主要取决于他们所提供给企业的投入要素，如原材料的稀缺程度、不可替代程度等，这种状况促使新企业必须找多家供应商，保证企业供应渠道畅通稳定，实现新企业成长。

2. 消费者的满意度驱动

消费者通过压价或要求企业提供较好的产品或服务来影响企业产品竞争力与盈利能力。消费者对新企业成长的驱动力量主要取决于消费者对产品或服务偏好的变化、消费者所需产品的数量、消费者购买其他替代产品所需的成本和消费者所追求的购买目标，这就促使新企业必须提供消费者所追求的产品或服务，不断提升消费者满意度，从而促进新企业成长。

3. 新进入企业的威胁驱动

新进入企业的威胁程度取决于两个方面：一是新企业进入新领域的障碍大小，二是市场现有企业对于进入企业的反应情况。但新进入企业的竞争威胁会使新企业调整经营策略和营销方式，扩大批量生产，降低生产成本，促进新企业成长。

4．替代品的冲击驱动

替代品进入市场，一方面，现有企业可能会因替代品的出现而导致企业的盈利能力降低，企业的成长受到制约；另一方面，由于替代品生产企业的侵入，迫使新企业必须提高产品质量、进行产品改良、实现产品创新，提高产品价值空间，不断提高消费者的满意度，促进新企业快速成长。

5．行业内竞争者的竞争驱动

行业内竞争者的出现，促使新企业密切关注消费者不断变化的需求，调整企业的产品、服务和营销方式，加大创新力度，逐步实现产品的多元化和系列化，增强市场竞争力，促进新企业成长。

（四）组织资源驱动

组织资源一般是指企业的正式管理系统，包括企业的组织结构、作业流程、工作规范、信息沟通、决策体系、质量系统，以及正式和非正式的计划活动等。充裕的组织资源与新企业的市场占有率、销售量和现金流量有直接的关系。一个新企业能够有效控制和科学利用组织资源，关注组织资源基本要素之间的契合度，在趋于合理的组织结构、再造整合的作业流程、日益科学的工作规范、准确有效的信息沟通等要素的共同作用下，形成企业竞争优势，获得企业产品或服务的市场占有率和销售业绩的提升，实现新企业走向成长与发展。

三、新企业成长管理的策略

新企业的成长与发展是一个动态的过程，是在变革创新和强化管理的基础上，通过各种资源的不断积累与整合，从而实现企业持续发展的过程。新企业成长管理的策略主要有以下几个方面。

（一）整合外部资源，追求外部增长

如何整合外部资源？

新企业由于规模小，各种资源相对匮乏，为了在不确定的环境中持续成长，新企业须学会整合外部资源，发挥资源的杠杆效应。新企业可通过缔结战略联盟、首次公开上市、特许经营等方式实现企业成长。

1．缔结战略联盟

新企业可缔结垂直联盟，使在营销上下游环节上的不同企业以垂直一体化的形式共享利益、共担风险，长期合作，得以生存。例如，制造商与经销商或供应商联盟。新企业还可以缔结水平联盟，使不同行业的企业共同营销，共担营销费用，并在产品促销、营销宣

传、品牌建设等方面实现资源共享。例如，生产刀具的企业与生产厨房家电的企业联盟。

2. 首次公开上市

当新企业发展到一定规模，符合首次公开上市的要求，则可选择该方案。公开上市可为企业带来以下效益：首先，能为企业发展在资本市场上获得所需要的大量资本，企业以增发股份等方式获取扩张资本，也获得企业再融资的能力，使其他金融机构对企业的信心得到增强；其次，可提高企业的知名度和可信度，企业上市，在接受投资者监督的同时，提升企业知名度，也提高企业在利益相关者（如消费者、供应商和投资者）心目中的可信度；再次，能为创业者和企业家在短期内创造大量财富，实现财富聚集；最后，可为企业员工和股东创造财富，赢得预期的资本流动性。

3. 特许经营

当新企业达到一定规模，可有偿使用已成功创业的品牌、工艺、产品或服务，借助特许经营的方式降低企业经营风险。即通过特许经营化解企业在产品可信度、经营管理技能、资本需求、经营经验与市场营销知识、企业运营与结构控制等方面的风险。同时，创业者要在取得特许经营权之前对机会进行深入调查，避免高素质员工选聘难、管理监控不力给特许经营带来的影响。企业还可以通过合资经营、收购及兼并等方式，实现可持续发展。

（二）及时实现从创造资源到管好用好资源的转变

从创造资源到管好用好资源是指企业在开发创造各种生产经营必需资源的同时，采取必要措施，加强对各种资源的管理，并充分利用已开发的资源为企业创造更大价值，实现创造与利用并举。

企业只注重创造资源，忽视对所创造价值进行科学管理和有效利用，容易导致某些资源被企业内部的个人占用，使企业蒙受经济损失，无形中企业也会培养出一批同行业竞争对手。相反，企业在生产经营中树立创造资源、管理资源和利用资源并重的管理理念与经营思想，建立企业资源管理制度和资源利用监督机制，加强对企业核心技术人员与员工、核心技术、关键设备、客户关系等的管理，可以使企业核心竞争力得到提升，企业利润保持在稳定的水平上，在同行业中赢得认可并占据优势。

（三）形成比较固定的企业价值观和文化氛围

什么是企业价值观？

企业价值观是在长期生产经营活动中逐渐形成的，由企业管理者和员工共同分享的价值观念，是企业成长与发展的灵魂。企业一般以口号、成语、隐喻、谚语等形式，将自身的价值观传递给员工，使员工明确企业的目标，领悟企业的精神，并努力把企业的价值追求内化为生产经营的实际行动。作为企业文化精髓的价值观，是企业正确处理企业与员工之间、企业与客户之间、企业与市场之间等一系列关系问题的准则，主要表现为企业对企业宗旨、企业精神、企业经营理念、员工价值观等方面的价值判断。

企业价值观虽然是无形的，却融入了企业成长的全过程之中，渗透在企业生产经营发展的方方面面，如怎样实现与那些帮助企业创造财富的员工一起分享财富与企业的成功，以何种方式回报社区与社会，如何利用和节约资源、保护生态环境等。

企业文化氛围是由企业员工对企业的使命和愿景的期望及创业者的目标、理念和态度共同形成的，是企业应对成长过程中出现的一系列问题的关键。新企业在制定兼顾长远目标的短期目标、设立高水平的道德标准、激发员工个人能动性、提供共享的快速信息、采用特定的管理方式、打造清晰的团队精神等方面所形成的文化氛围，会对企业的业绩产生十分显著的影响。因为员工清楚创业者及管理团队的目标追求与管理方式后，其在生产经营中的付出与努力将直接反映在企业业绩上，从而促进新企业成长。

随着新企业规模日益壮大，组织结构与员工人数发生变化，日常管理复杂性加大，创业者必须及时提出有利于企业凝聚力的企业价值观，形成攻坚克难的文化氛围，并将其巩固下来、发展下去，才能避免企业成长过程中因生产经营出现的问题而给企业发展造成的危害。

拓展阅读

知名企业的核心价值观

惠普：

信任和尊重个人

追求卓越的成就和贡献

在经营活动中坚持诚实和正直

靠团队精神达到目标

鼓励灵活性和创造性

华为：

以人为本、尊重个性、集体奋斗、视人才为公司最大财富而不迁就人才；在独立自主基础上开放合作和创造性地发展世界领先的核心技术体系，崇尚创新精神和敬业精神；爱祖国、爱人民、爱事业和爱生活，绝不让雷锋吃亏；在顾客、员工与合作者之间结成利益共同体。

联想：

成就客户——致力于客户的满意与成功；

创业创新——追求速度和效率，专注于对客户和公司有影响的创新；

精准求实——基于事实的决策与业务管理；

诚信正直——建立信任与负责任的人际关系。

（四）注重用成长的方式解决成长过程中出现的问题

用成长的方式解决成长过程中出现的问题，其本质是推动并领导变革。新企业成长意味着企业壮大，企业规模效果显现。随着新企业知名度提升，能吸引更多利益相关者的关注与信任，企业绩效、议价能力与社会地位在提高，企业与员工的财富在增加，但同时，企业经营管理问题也日益凸显。此时，新企业可通过以下途径解决问题。

1．创新人力资源管理

星巴克员工为什么挖不走？

人力资源是企业实行变革与创新最重要的因素，即企业实行变革与创新需要强有力的管理团队和高素质的管理人员。企业应采取积极的人力资源政策，加大人力资源管理创新的力度。创新人才内部培养机制，并开发企业现有人才的潜力；激励人才，留住人才，创新人才引进机制，注重高层次人才的挖掘；创新利润分配机制，使其成为企业变革成功、持续成长的决定力量。

2．创新经营体系

新企业规模上的扩大，日常业务经营活动量的增加，使日常经营管理工作日益繁杂。企业必须在原有经营管理的基础上创新经营体系，构建科学合理的企业日常经营管理系统，其内容覆盖员工招聘与培训、企业采购、生产、运输、销售等各环节，以实现经营管理的连续性与有效性。

3．掌握变革与创新的切入点

进入成长期的企业要善于掌握变革与创新的切入点，或从经营策略切入，或从竞争策略切入，或从售后服务切入，由点及面、逐步推进。由于企业成长性强，能为变革与创新提供所必需的相关资源，因此，变革与创新的成本较小；由于局部变革与创新短期内易产生效果，因此，变革与创新的见效较快；由于局部变革与创新失控性小，因此，变革与创新易被控制。

（五）从过分追求速度到突出企业的价值增加

新企业成长主要表现为规模的增长，具体体现在销售额的增长与利润的增加等。当企业过分追求发展速度时，往往导致销售额增长很快，利润却没有增加，企业价值的增值也没有得到充分的体现等问题，会影响企业的持续成长。因此，当新企业发展到一定程度时，就要依靠企业经营结构、组织结构、技术结构等方面的更新与完善，依靠企业内部资源配置的变化和核心竞争力，使企业从过分追求速度向企业价值增加的方向转移和扩展，以获得最大的价值增值，获得长期稳定的增长。

打造企业品牌是实现企业价值增值的重要战略。企业经营实践表明，品牌可帮助企业产品或服务提高附加值，是企业的产品或服务建立差异化竞争优势的强有力手段。品牌已逐渐成为企业综合实力的象征，成功的品牌定位能使企业扩大知名度，建立信誉度，提高竞争力。新企业应把品牌定位提升到战略高度，作为企业成长管理中的一个重要象征，避免品牌培育或品牌定位错误而影响企业成长的市场机会，甚至导致企业的失败。

一、案例分析

可口可乐、麦当劳和迪士尼的战略联盟

在世界各地的迪士尼乐园外面，时髦漂亮的麦当劳餐厅形影相随，又累又饿的孩子与大人们鱼贯而入，“巨无霸”“麦香鱼”“麦香鸡”“可口可乐”成为他们的美餐。这真是一个绝妙的组合。

1995 年以来，可口可乐一直是迪士尼乐园唯一的饮料供应商，可口可乐还帮助迪士尼开拓海外市场。

1997 年，麦当劳与迪士尼开始了长达 10 年的正式联盟，迪士尼的一部没有任何新意、制造粗糙的电影“会飞的橡胶”，在麦当劳的大力推销下，票房收入不菲。在奥兰多一座还没有对公众开放的迪士尼动物王国乐园中，麦当劳的员工被给予提前参观的特权，而麦当劳赞助了其中一景点——恐怖园的建设。在动物王国乐园的外面，麦当劳餐厅展示着迪士尼世界的各个有趣的动物和场景，员工身着有麦当劳标记的制服，快餐厅的中央有一个巨大的可口可乐瓶在自动分发可乐。

目前，美国特大公司收入的 18%来自各联盟。联盟的形式、规模各种各样，有合资企业，甚至还有连锁公司组成的家庭企业（如日本的集团经营等）。这种新的现象受两个因素的驱动：全球化和核心竞争力。当有人问可口可乐公司收入的多大比例来自结盟公司时，公司董事长回答：“100%。”他解释说，这个饮料巨头赚的每一块钱都来自某种形式的经营伙伴，如罐装厂、分销商等。如果麦当劳在另一快餐公司的进攻下，逐渐失去市场份额，那么情况会怎么变化呢？答案是可口可乐和迪士尼会去寻找新的合作伙伴。结盟是为了以较少的投入获得更快、更多的增长，结盟本身不是目的。

思考：

结合案例说说战略联盟在企业成长中的意义？

二、能力训练

选择一个你比较熟悉的行业，并从中选择两个有代表性的企业作为研究对象。对这两个企业进行对比分析，包括其成长背景、成长历程、成长速度、成长战略、成长特点等，并从对比分析中获得启示。

提示：所选择的企业可以是行业内两个非常优秀的企业，如华为和中兴、国美与苏宁；也可以是处于不同战略集团的企业，如丰田和吉利、万科与万通等。

评分标准：能准确分析不同企业的成长战略（25 分）；能结合案例分析企业成长的驱动因素（25 分）；能分析不同企业的成长管理策略（25 分）；能从分析中获得启发（25 分）。

参考文献

[1] 李伟，张世辉. 创新创业教程.［M］. 北京：清华大学出版社，2015.
[2] 张耀辉，朱锋. 创业基础［M］. 广州：暨南大学出版社，2013.
[3] 刘辉，李强，王秀艳. 大学生创新创业教程［M］. 上海：上海交通大学出版社，2016.
[4] 吴晓义. 创业基础：理论、案例与实训［M］. 北京：中国人民大学出版社，2014.
[5] 杨印山，刘敬霖. 大学生创业基本素质与能力培养［M］. 沈阳：辽宁民族出版社，2011.
[6] 李肖鸣，朱建新. 大学生创业基础（第2版）［M］. 北京：清华大学出版社，2013.
[7] 冯丽霞，王若洪. 创新与创业能力培养［M］. 北京：清华大学出版社，2013.
[8] 袁凤英，王秀红，董敏. 创新创业能力训练［M］. 北京：中国书籍出版社，2014.
[9] 张德山. 大学生创业教育［M］. 镇江：江苏大学出版社，2015.
[10] 张德山. 大学生创业教育案例分析［M］. 镇江：江苏大学出版社，2015.
[11] 杨建平，蒙秀琼. 大学生就业与创业指导［M］. 北京：航空工业出版社，2015.
[12] 章小莲. 大学生就业与创业指导［M］. 北京：航空工业出版社，2015.
[13] 李贞. 职业生涯规划与创业指导［M］. 镇江：江苏大学出版社，2013.
[14] 李家华. 创业基础［M］. 北京：北京师范大学出版社，2013.
[15] 张玉利. 创业管理（第2版）［M］. 北京：机械工业出版社，2011.
[16] 李时椿，常建坤. 创新与创业管理：过程·实践·技能［M］. 南京：南京大学出版社，2011.